乡村振兴
RURAL REVITALIZATION

互联网+农产品

◎钟　乐　马祥元　齐福众　主编

中国农业科学技术出版社

图书在版编目(CIP)数据

互联网+农产品 / 钟乐，马祥元，齐福众主编．--北京：中国农业科学技术出版社，2023.8（2025.8重印）

ISBN 978-7-5116-6378-8

Ⅰ.①互…　Ⅱ.①钟…②马…③齐…　Ⅲ.①农产品-网络营销-研究-中国　Ⅳ.①F724.72

中国国家版本馆 CIP 数据核字(2023)第 140574 号

责任编辑　王惟萍
责任校对　王　彦
责任印制　姜义伟　王思文

出 版 者　中国农业科学技术出版社
北京市中关村南大街 12 号　　邮编：100081
电　　话　（010）82106643（编辑室）　（010）82109702（发行部）
（010）82109709（读者服务部）
网　　址　https://castp.caas.cn
经 销 者　各地新华书店
印 刷 者　中煤(北京)印务有限公司
开　　本　140 mm×203 mm　1/32
印　　张　5.25
字　　数　140 千字
版　　次　2023 年 8 月第 1 版　2025 年 8 月第 3 次印刷
定　　价　34.80 元

《互联网+农产品》

编 委 会

前　言

农产品销路问题，事关国计民生、产业转型。近年来，很多特色农产品局限在产地，无法进入大市场、大流通，致使生产与销售脱节，消费引导生产的功能不能实现，农业结构调整、农民增收困难重重。

当前，我们已经进入数字经济时代，解决农产品“卖难”问题需要插上“互联网+”的翅膀，全面打通线上与线下、田间与餐桌的“最后一公里”难点堵点。从这个角度来讲，要充分运用现代信息技术手段，积极搭建农产品线上服务平台，通过电商平台、带货直播、短视频推销等方式，把一批批看起来很“土”的农产品成功推销出去，卖出好价钱。

本书从农产品销售的实际需求出发，详细地介绍了互联网+农产品的相关知识与运营技能。具体章节包括互联网+农产品概述、电商平台+农产品、网络直播+农产品、短视频+农产品、包装仓储与营销、物流配送、典型案例。

本书内容新颖、实用且易于实践，可供广大电子商务相关从业人员、农村电商创新创业实践人员、农民教育培训学员学习和参考。

由于时间仓促，水平有限，书中难免存在不足之处，欢迎广大读者批评指正！

编　者

2023 年 6 月

目　　录

第一章　互联网+农产品概述

第一节　农产品的类型和特点

一、农产品的类型

农产品是指农业活动中生产出来的物品，如高粱、稻谷、花生、玉米、小麦以及各个地区的土特产等。按照加工程度划分，农产品可分为初级农产品和加工农产品（因同一种农产品的不同加工程度均有市场，故初级农产品和加工农产品可能重复）。

（一）初级农产品

初级农产品是指未经过加工的农产品，主要来自种植业、畜牧业和渔业。初级农产品共分为11个大类。

（1）烟叶。各种烟草的叶片经过加工制成的产品，因加工方法不同，可分为晒烟叶、晾烟叶和烤烟叶。

（2）毛茶。从茶树上采摘下来的鲜叶和嫩芽（即茶青），经吹干、揉拌、发酵、烘干等工序制成的茶。

（3）食用菌。自然生长和人工培植的食用菌，包括鲜货、干货。

（4）瓜、果、蔬菜。自然生长和人工培植的瓜、果、蔬菜，包括农业生产者将收获的产品进行简单加工的瓜、果干品和腌渍品（以瓜、果、蔬菜为原料的蜜饯除外）。

(5) 花卉、苗木。自然生长和人工培植并保持天然生长状态的花卉、苗木。

(6) 药材。自然生长和人工培植的药材，不包括中药材或中成药生产企业经过切、炒、烘、焙、熏、蒸、包装等工序处理的加工品。

(7) 粮油作物。小麦、稻谷、大豆、杂粮（含玉米、绿豆、蚕豆、豌豆、荞麦、大麦、青稞、燕麦、高粱等）、鲜山芋、山芋干、花生果、花生仁、芝麻、菜籽、棉籽、葵花籽、蓖麻籽、棕榈籽和其他籽。

(8) 牲畜、禽、兽、昆虫、爬虫、两栖动物类。牛皮、猪皮、羊皮等动物的生皮；牲畜、禽、兽的毛；活禽、活畜、活虫、两栖动物，如生猪、菜牛、菜羊、牛蛙等；光禽和鲜蛋；动物自身或附属产生的产品，如蚕茧、燕窝、鹿茸、牛黄、蜂乳、麝香、鲜奶等；除上述动物以外的其他陆生动物。

(9) 水产品。淡水产品、海水产品、滩涂养殖产品，以及捕捞收获后进行简单冷冻、腌制和自然风干的制品等。

(10) 林业产品。原木、原竹及其下脚料，生漆、天然树脂，以及除上述以外的其他林业副产品。

(11) 其他植物。棉花、麻、柳条、席草、蔺草等。

上述所列农产品包括种子、种苗、树苗、竹秧、种畜、种禽、种蛋、水产品的苗或种（秧）、食用菌的菌种、花籽等。

(二) 加工农产品

加工农产品是指经过一定加工环节才能食用、使用或储存的加工品，如食用油、冷冻肉、饲料等。加工农产品可以分为粮油、果蔬及花卉、林产品、畜禽产品、水产品和其他农副产品6类。

(1) 粮油。粮油是对谷类、豆类等粮食和油料及其加工成品、半成品的统称。粮食作物的种子、果实以及块根、块茎及其加工产品统称为粮食。油料是油脂制取工业的原料，通常将含油率高于10%的植物性原料称为油料，包括向日葵、芝麻、花生、大豆、油菜籽等。

（2）果蔬及花卉。果蔬及花卉包括果品、蔬菜和花卉。果品分为鲜果、干果、瓜类及其加工品；蔬菜分为根菜类蔬菜、茎菜类蔬菜、叶菜类蔬菜、果菜类蔬菜、花菜类蔬菜和食用菌类蔬菜；花卉分为经人工修剪培育过的观赏用花卉、香料用花卉、熏茶用花卉、医药用花卉、环境保护用花卉和食品用花卉。

（3）林产品。林产品是指林木产品、林副产品、林区农产品、木制品、木工艺品、竹藤制品、森林食品、林化工产品，以及与森林资源相关的产品。

（4）畜禽产品。畜禽产品主要指肉、乳、蛋、脂、禽及其初加工产品。

（5）水产品。水产品是海洋和淡水渔业生产的动植物产品及其加工产品的总称，包括捕捞和养殖的鲜活品，以及经过冷冻、腌制、熏制、熟制、干制、罐装和综合利用的加工产品。

（6）其他农副产品。其他农副产品主要指除农产品的粮油、果蔬及花卉、林产品、畜禽产品、水产品等主产品外的产品，如茶叶、蜂蜜、棉花、麻、蚕茧、干菜和调味品等。

二、农产品的特点

（一）地域性

农业对土地依赖程度较高，各地气候、土壤、光照、温度等条件对农作物生长有决定性影响。技术水平与政策导向也是影响农产品生产的重要因素。

（二）季节性

在农作物年度生产中，农产品同时收获，集中上市，表现出明显的季节性特征。

(三) 波动性

农产品价格受种植面积、气候、产量、库存等条件，以及农业产业政策、补贴政策、国家收储政策等影响，农业生产有丰产、歉产之分和淡季、旺季之别。因此，农产品生产和供给呈现出很大的波动性。

(四) 稳定性

农产品需求弹性小，偏刚需，尤其是粮食类与油脂类，不论价格怎样变动，消费需求基本是稳定的。

(五) 差异性

受生活习惯的影响，同一区域的消费者消费需求趋同，不同区域的消费者则表现出一定的差异。因此，农产品的需求表现出一定的差异性。

(六) 替代性

农产品作为人类的食物和生活需求，具有明显的相关性与可替代性。如玉米和大豆、小麦和稻谷，在种植规模上表现出一定的竞争关系。在价格的驱动下，人类愿意选择种植预期价格高的农作物，从而减少其他农作物的种植面积。

第二节　互联网+农产品销售新模式

一、互联网+农产品的发展模式

在互联网时代，整个社会都发生着前所未有的重大改变，我国掀起的“互联网+”浪潮已经席卷各行各业，特别是一些以农业为代表的发展相对滞后的产业，在互联网时代，也迎来了实现跨越式发展的重大机遇。“互联网+农产品”的五大发展模式如下所述。

（一）“物联网+农产品种养殖”模式

在新一代信息技术驱动下的精准农业，已经在我国的一些农业企业中得到有效应用，其中在精准农业普及率排行榜中，那些受到广大消费者喜爱的高端农产品高居榜首。

北菜园是一家严格注重产品品质的有机蔬菜企业，在农产品种植过程中对大棚中，光照、温度、湿度等多种指标严格控制，产品质量通过多项检查机构的专业认证。

位于山西省古交市的老农种植养殖专业合作社启动了水肥一体化灌溉项目，覆盖面积 15.3 万$米^2$。通过物联网技术，合作社从根据经验灌溉变为根据农作物、气候等不同参数的精准灌溉，节省了大量的肥料、农药及水资源，平均每平方米增加收入 7.5 元。

全程追溯是这种养殖模式的一大优势，由于互联网全程参与种养殖过程，因此容易实现全程可追溯，全程数据可以直接由后台处理系统跟踪并记录，消费者最为关心的食品安全问题得到有效解决。如消费者在购买北菜园生产的有机果蔬产品时，只要通过手机扫描二维码即可对农产品全程追踪。

（二）“互联网+农产品物流”模式

互联网的去中心化、开放性及共享性，有效解决了传统农业产业链过长、信息不对等的行业痛点。传统的农业价值在传递过程中，参与企业要承担较高的人力成本、物流成本及沟通成本，许多价值被浪费在不必要的消耗中，只能由消费者买单。“互联网+农产品物流”模式的出现，有效打破了这一局面。

未来，农产品互联网物流交易将会衍生出 2 种主流的发展模式。

1. 大型农产品交易集散中心

完善的物流配送体系、新一代信息技术将成为这种集散中心的核心支撑，它将涵盖批发、拍卖、运输、仓储和交易等多种功能，而且会借助互联网搜集到的实时信息，对数据进行实时更新。

位于深圳平湖的深圳海吉星农批市场，不仅具备全品类的农产品批发交易功能，提供农产品再加工、进出口贸易、金融服务、商检、配送和仓储等多种综合服务。

2. 实现大规模交易的批发销售电商交易平台

与阿里巴巴成立 1688 批发网一样，大规模农产品交易的普遍存在必定会催生出专门服务于大规模农产品交易的电商平台。

（三）“互联网+农产品品牌”模式

随着淘宝的发展壮大，以服装为代表的快速实现电商化转变的产品，催生了许多取得巨大成功的淘品牌，如韩都衣舍和茵曼等。如今，农产品在逐渐走向电商化的同时，也出现了类似褚橙和三只松鼠等品牌，它们通过开展网络营销，取得了传统农产品要耗费几年甚至十几年才能获得的品牌影响力。

在农产品领域，品牌缺失现象尤为严重，这也为入局者打造具有较强影响力的品牌提供了广阔的发展空间。农产品电商的发展时间相对较短，物流成本及产品耗损较为严重。许多企业在发展农产品电商时，选择的是一些单价较高的中高端产品，这种产品需要有较强的品牌影响力作为支撑，在尚未成功塑造品牌之前，企业很难在市场中获得足够的话语权。

企业在建立品牌的过程中，必须注重用户对相关农产品的消费习惯、与农产品相关的文化及价值理念等，尽量创造出一些有温度、有情怀的个性化品牌。此外，在网络营销发展日趋成熟的今天，企业在塑造品牌的过程中，不一定需要在各大社交媒体平台大范围地投放推广信息，完全可以从那些体验过产品的消费者身上入手，让他们主动分享自己的购物经历及体会。

土道家大块牛肉酱就是首先从用户及员工的角度出发，通过极具创意的营销手段及优质的产品，让用户及员工主动分享产品，逐渐建立起忠实粉丝群体，进而实现口碑营销。

（四）“农产品+电商平台”模式

未来将会出现以下 4 种形式的农产品电商平台。

（1）凭借着长期经营获得品牌优势及流量优势将自身产品的品类扩展到农产品领域的电商平台，如淘宝、京东和 1 号店等。

（2）由传统批发市场转型而来的农产品电商交易平台，其典型的代表就是重庆香满园电商平台。

（3）一些资金雄厚的农产品企业自己建立的垂直农产品电商平台，在后续的发展过程中会逐渐向全品类平台扩张。

（4）高端农产品衍生出的垂直品类的电商平台。事实上，我国具备盈利能力的农产品电商平台屈指可数，而且许多农产品电商平台在相关的管理人才及技术方面存在着严重的不足，导致许多平台一度陷入发展困境。

（五）农业众筹模式

金融在“互联网+农业”中扮演着十分重要的角色。在金融层面上有许多衍生产业值得探索，在此选择最近十分火爆的农业众筹模式进行分析。对于许多农业企业而言，农业众筹模式的出现使其获得了许多更为灵活、更为多元的引资方式。

云联牧场在发展过程中，不断强化在消费者心中的品牌形象，打破传统产业格局，促进信息流通，帮助养殖农户及企业筹集资金，在平台上为消费者开通绿色预订通道，最低投资金额仅 1 000 元，3~4 个月就能获得收益，不但让消费者享受到原汁原味的大草原羊肉，还能体验到当牧场主的感觉。

福山水聚茶园茶叶有限公司推出了国内首个扶贫定制茶园项

目，将互联网、农业及扶贫融为一体，推出的产品不是茶叶，而是茶园，目前推出的产品主要包括认购一亩地、一分地和一厘地①茶园以及六棵茶树、三棵茶树等。在两会期间，该项目得到了许多委员的一致认可。

从整体上来说，农业众筹还尚未形成较为成熟的模式，这就要求农业企业要跳出自身领域的限制，借鉴其他行业成功经验，打造出适合自身发展的众筹模式。

农业与互联网的深度融合并非简单的“1+1=2”，它要求产业在实现融合的同时，创造出全新的产业模式，广大农业企业要在对市场环境及自身发展状况有足够认识的前提下，探索“互联网+农业”的切入点，从而完成企业在互联网时代的转型升级。

二、“互联网+”重塑农产品销售新体系

在互联网的参与下，农产品的信息从之前的单向线性传递，转变为双向网络状传播，生产者可以与消费者直接互动，信息也可以在生产者、消费者内部横向流动，为创造出更为丰富多元的销售方式打下坚实的基础。

(一) 预售模式

在电商驱动下的农产品流通方式中，C2B预售模式展示出前所未有的巨大优势。基于电商的预售模式，消费者可以获得全国，甚至是世界各地的优质农产品，而且减少了大量的中间环节，对生产者及消费者都十分有利。

一些不易存储的农产品，在尚未成熟时就可以在网上开启预售通道，根据订单情况，农户再决定采摘数量，而且可以更加高效地配置运力资源完成运输，有效降低农产品的库存成本及损耗

---

① 1亩≈667米^2，1分≈66.7米^2，1厘≈6.67米^2。

成本，广大消费者能以优惠价格品尝到新鲜的优质农产品。

在实践过程中，预售模式主要包括以下 5 个步骤。

（1）提前售卖。种养殖过程中，农业企业搜集整理农户反馈的瓜果、蔬菜和畜禽的生长状况，评估出大致的产量，在电商平台上进行预售。

（2）线下体验。通过录制的高清视频、图片等形式，让消费者及时了解到农产品的生长状况，也可以邀请消费者前来种植基地实地考察，通过优质的服务让其主动在社交媒体平台上分享自己的体验及感受。

（3）生产包装。农作物成熟后，由农户进行采摘、分类，不同的农产品采用不同方式包装。

（4）物流配送。农产品经过冷链物流等形式运送到消费者手中。

（5）反馈建议。消费者对此次购买进行评价，企业搜集这些反馈信息后不断改善并优化自己的产品及服务。

（二）周期购模式

部分农产品的需求有十分明显的周期属性，比如食用油、牛奶、鸡蛋和面粉等，消费者需要定期采购这些产品，在电商模式下，这些问题可以得到有效解决。

天猫在“双十一”购物狂欢节中，对这些存在周期性需求的产品制定了“周期购”策略，消费者可以一次购买半年甚至是一年的产品，每隔一段时间，商家会给消费者配送，并且确保产品的新鲜度。借助这种销售方式，消费者不需要频繁外出采购或者在网站下单，商家也能有针对性地调节自己的产能、优化库存等。

周期购模式主要包括以下 3 个步骤。

（1）一次性销售。在天猫、京东、1 号店等电商平台上，消费者可以根据自己的实际需求一次性购买一段时期消费的商品。

（2）分批发货。商家按照消费者的需求定期发送最新的商品，发货周期由消费者定，通过电话、短信和留言等方式更改发货时间。

（3）评价建议。消费者对自己购买到的商品、物流服务等进行评价，并且通过在社交媒体平台上分享来实现口碑传播，这也对商家的产品质量及服务体验提出了更高的要求。

(三) CSA 与电子商务的结合

20 世纪 70 年代，瑞士出现了一种新型的农业生产方式——CSA（社区支持农业）。在 CSA 模式中，社区的成员与农场签定合作协议，农场成为该社区提供服务的专属农场，农户与消费者合作，分享农场收益，并共同承担农产品生产过程中的一切风险。

直到 21 世纪后，CSA 模式在我国开始有所发展，但与瑞士、日本等国家不同的是，我国的 CSA 是由处于生产端的农民发起。我国的 CSA 模式发展速度相对缓慢，往往是许多倡导绿色有机食品的志愿者及农户花费较高的成本生产出的优质农产品，却无法从有限的渠道中找到愿意为其买单的消费者。

电商的快速崛起为 CSA 模式在国内的普及推广迎来了重大发展机遇。农场通过与农户合作保证农产品的质量，还借助电商平台，将绿色有机食品以新型的流通方式转移到消费者手中。与电商结合后，不但产品辐射范围进一步扩大，还让 CSA 模式的理念影响了更多的消费者。

消费者在农场开设的淘宝店铺中购买其推出的套餐后，就成为农场的“谷东”，农场会按照套餐的规定定期给“谷东”配送新鲜的优质农产品，而且“谷东”也可以去农场进行实地考察。截至 2016 年 1 月，农场淘宝店铺平均月销量 200 笔以上，店铺信用等级已经升级为四钻。

珠海市第一家 CSA 有机农场绿手指份额农园于 2010 年 12 月底由 3 名大学生共同创建，经过几年的艰苦创业逐渐发展壮大，在平沙新基地的建设中总投资近千万元，能够为 1 500 多名会员提供应季蔬菜和肉类产品。年轻的创业团队让绿手指份额农园能够紧跟时代潮流，通过微博进行信息推广，借助淘宝网完成价值变现，使年轻人在获得绿色有机食品的同时，也实现了人生价值。

第三节　农产品销售存在的问题与机遇

一、我国农村电商的发展

（一）我国农村电商的发展阶段

电子商务是我国数字经济的重要源头，是数字经济最活跃、最集中的新产业新业态新模式，是数字经济最重要的组成部分。实践证明，农村电商是发展数字经济、乡村振兴和数字乡村建设最好的抓手。在十几年的发展中，我国农村电商发展进程大体可分为 3 个阶段。

第一阶段，2003—2015 年，农村电商发展路径探索阶段。2005 年中央一号文件首次提及电子商务，此后 10 年国家主要从流通方式、交易方式和平台建设角度部署农村电商发展。如 2012 年中央一号文件提出，充分利用现代信息技术手段，发展农产品电子商务等现代交易方式。2014 年中央一号文件提出，启动农村流通设施和农产品批发市场信息化提升工程，加强农产品电子商务平台建设。在政策和市场推动下，我国农村电商经历了 2003—2005 年起步期、2006—2009 年小规模增长期、2010—

2014年规模化扩散期，2015年农村网络零售额达到3 530亿元。2015年印发的《电子商务“十三五”发展规划》明确提出，积极发展农村电子商务，开展电子商务进农村综合示范，积极开展电子商务精准扶贫等，为农村电商发展指明方向。

第二阶段，2016—2020年，农村电商进入规模化专业化发展阶段。国家加大对农村电商部署力度，逐步提出更高要求，明确农村电商的主要工作方向是加大物流基础设施建设和完善县乡村三级农村物流体系；开展电子商务进农村综合示范；健全农村电商服务体系；支持涉农电商载体建设和新模式发展等。2016年以来，农村电子商务在促进农产品上行、推动农业数字化转型升级、带动农民就业创业和增收、改善提升农村风貌等方面成效显著，成为推动脱贫攻坚、乡村振兴和数字乡村建设的重要抓手。商务大数据显示，2020年全国农村网络零售额达1.79万亿元，是2015年的5.1倍，远高于全国电子商务整体增速。

第三阶段，2021年以后，农村电商发展进入“数商兴农”高质量发展新阶段。2021年印发的《“十四五”电子商务发展规划》突出电子商务与一二三产业的融合，推动乡村产业振兴、数字乡村建设，大力实施“数商兴农”行动，加快完善农村电商生态体系。2022年中央一号文件进一步明确实施“数商兴农”工程，这是发展农村电商的新举措，也是农村电商发展新方向。

“数商兴农”是发展数字商务振兴农业的简称。“数商兴农”就是充分释放数字技术和数据资源对农村商务的赋能效应，全面提升农村商务领域数字化、网络化、智能化水平，推动农村电子商务高质量发展，进而支持和促进农业生产发展与乡村产业振兴。

“数商兴农”是根据“商”与“农”互联互促的经济规律，通过数字技术和数据要素赋能农村商务发展，以涉农商务数字化转型进一步促进农业生产数字化和产业振兴。从《“十四五”电子商务发展规划》的部署来看，“数商兴农”行动着眼于改善农村电商基础设施、物流配送和农产品电商化，促进产销衔接，是电子商务进农村综合示范工程的升级。

（二）我国农村电商的发展现状

近年来，我国农村电子商务保持良好发展势头。

一是农村电商规模持续扩大。2021 年，全国农村网络零售额 2.05 万亿元，同比增长 11.3%，增速比上年加快 2.4%。全国农产品网络零售额 4 221 亿元，同比增长 2.8%，电子商务促进农民增收的作用进一步显现。

二是农村网民数量持续增加。近年来，我国大力推动互联网基础设施建设，截至 2021 年 11 月底，我国现有行政村已全面实现“村村通宽带”。第 49 次《中国互联网络发展状况统计报告》数据显示，截至 2021 年 12 月份，我国网民规模达 10.32 亿人，其中农村网民规模为 2.84 亿人，占 27.6%。我国农村地区互联网普及率为 57.6%，较 2020 年 12 月份提升 1.7 个百分点，城乡互联网普及率差异缩小 0.2 个百分点。

三是农村物流体系更加健全。国家邮政局数据显示，2021 年农村地区收投快递包裹总量 370 亿件，带动农产品出村进城和工业品下乡进村超 1.85 万亿元。通过整合和优化各类物流资源，县乡村三级物流体系建设进一步完善，已基本形成“两中心一站点”农村电商物流运营体系。2021 年累计改造县级物流配送中心 1 212 个，村级电商快递服务站 14.8 万个。目前，全国 98%的乡镇实现品牌快递直通，80%以上的行政村实现快递直达。

四是新业态新模式加速应用。手机成为新农具、直播成为新农活、数据成为新农资。越来越多的农民尝试农产品直播，带货规模迅速扩大。《2021 快手年度数据报告》显示，2021 年 1—10

月，超4.2亿个农产品订单经由快手直播电商从农村发往全国各地。

二、当前农产品营销存在的问题

在现代社会经济发展阶段，人们的生活质量得到了提高。在这种情况下，人们对农产品的绿色、安全消费需求也在逐渐增加，各种各样的无公害食品陆续进入市场。近期，相关人员对农产品营销情况作了调查研究，发现各地区农产品品质较好，可是在激烈的市场竞争环境下仍旧显现出了发展后劲不足的趋势，部分农产品在品质方面与本地区农产品的农业品牌营销情况不符，地区农产品营销问题表现在以下几个方面。

第一，消费者对农产品品牌认可度低。虽然近年来各地政府增加了对农产品的宣传力度，而且还注册了属于自己的商标，市场方面的影响力也有了很大的提高。可是，因为销售渠道比较单一，仅在本地市场具备一定的群众认可度，区域以外的销售很困难，多数参加调研的人员表明并不是很了解该地区的农产品。

第二，农产品宣传局限在传统媒体。当前，伴随信息技术持续发展与进步，网络覆盖面不断扩大，较少有人会采取传统媒体获取信息，如看报纸、电视等，如此一来决定了采用传统媒体进行宣传的农产品不能被越来越多的人所认可。

第三，农产品销售沿用传统营销模式。农产品营销仍旧使用以往的模式，自主送货与门店订货仍旧是最核心的营销方法与手段，对网络营销与电视营销等渠道还没有足够的关注。这造成人们对优质农产品需求不能获得满足，也无法提高销售量。

第四，农产品销售和生产信息缺乏对称性。因为不能准确地了解人们对农产品的需要，农户在生产中有着很大的盲目性，也增加了农民生产的风险，假设发生农产品滞销问题，就会直接影响到农民生产积极性，还会影响农民经济收益。

三、“互联网+”时代农产品营销的机遇

(一) 打破了时间和空间的局限性

农产品营销，借助互联网平台开展交易活动，突破以往农产品营销交易模式，打破时间和空间的局限性，借助互联网在各个时间段各个地点随时交易农产品。现如今，智能手机已经十分普遍了，人们习惯采用网络移动平台购物，也给农产品在互联网上营销带来了机遇。

(二) 改变传统营销理念

在农产品营销中，科学运用互联网技术可以有效转变农产品的传统营销理念。当前，市场消费人员仅需要通过智能手机就可以了解购置的产品信息，并通过手机在线支付。该种营销模式给农产品供应商与消费者带来了便利，有效转变了农产品营销的传统交易模式。

(三) 满足个性化需求

在农产品营销中，采用互联网技术能够全面宣传农产品，而且能够打破商户和购物人员之间的沟通壁垒，在网络购物平台上消费者能够和供应商直接沟通，帮助供应商充分了解消费者的个性化需求，转变以往农产品交易中的不足，从而在产品营销中给消费者提供个性化服务，充分满足消费者个性化需求。

四、“互联网+”时代农产品营销策略

(一) 提高农业人员水平

在“互联网+”时代，开展互联网配合农业生产新经营模式，不但可以推动农产品营销，还可以持续提升农业从业人员各方面素质水平。由于在生产与市场营销过程中，农业生产者是在

市场营销过程中的关键，伴随互联网电子信息化持续发展，生产者对电子信息技术也逐渐掌握。构建网络信息化平台，把生产出来的农产品经过网络平台展开统一营销。所以在未来发展过程中，各地政府需要增加对农户的扶持，提高农户对信息网络化知识和技能的水平，增加对信息数字化与网络平台的关注力度，持续提高专业素养，增加对信息技术的引进与熟练运用，给农业可持续发展打下扎实的基础。

（二）加强农村地区基础设施建设

在“互联网+”时代，农产品营销阶段，要在农村地区不断加强基础设施建设，建立以互联网为平台的电子营销体系，增加互联网在农村地区的覆盖面积，有效提高农产品在网络平台营销阶段的技术支持力度。有关调查显示，现在很多农村地区已经实现了宽带与光纤网络大范围覆盖，可是这部分网络基础设施覆盖面积较小，一些农村地区还没有达到网络信号完全覆盖的程度，农产品互联网营销工作受到很大限制。因此，政府与相关部门需要强化农村地区网络基础设施建设，保证农村地区达到互联网完全覆盖。与此同时，政府可以通过财政补贴的方式，促使农户自己安装光纤与宽带，让农户在网络营销中第一时间掌握市场信息，推动农业经济良好发展。

（三）构建网络化农产品品牌，增加营销渠道

在“互联网+”时代发展过程中，网络化品牌营销渠道单一是影响农产品营销的主要因素。当前，电商渠道在农产品营销方面有着同质化的现象，这与农产品属性有很大的关联，因为不具备个性化的品牌特征，本地区农产品在网络营销环境中的辨识度很低，再加上当代人们生活节奏越来越快，较少有客户会愿意花费很多时间和精力去分辨各种品牌的农产品差异性。客户在购买农产品的时候，通常会先入为主，购买最先进入电商渠道的品

牌，根据营销量与流量判断农产品价值的高低，因此在一定程度上影响本地区农产品价值的表现，不利于农产品创新。解决这一问题需要从以下方面着手：第一，需要政府依据区域特点，整合资源，打造辨识度高的地区品牌，发挥政府主导作用，并联合企业，对农产品仓储与包装等环节实行统一化管理，转变过去农户自己生产自己营销的经营模式，增加农户经济收益；第二，在网站运行阶段，要强化营销思路创新，深入发掘本地区农产品价值，如展示农产品生产方式等，提高地区农产品吸引力。与此同时，借助社交平台与零售渠道推销产品，转变过去被动营销的状况。

（四）构建完整的营销网络监管体系，促使营销活动规范化

在“互联网+”时代，农产品网络营销不管是从业人员还是市场规模，均发生了很大的变化，可是市场销售的农产品质量却存在着良莠不齐的问题。一些农户在利益驱动下比较注重营销量，从而忽略了农产品质量，直接影响到了农产品的口碑。还有一些农户为了提高自己产品在市场上的竞争力，使用各种方式和手段压低农产品价格，从而导致市场平衡被破坏。要解决该问题，不但要商户和农户增强自我管控，积极维护市场平衡，政府需要发挥引导作用，严格监督和管理市场。要严禁商户和农户发生无证经营与假冒伪劣等问题，培养电商经营主体遵守法律法规的意识。市场监管部门也要利用信息技术发展所带来的便捷性，构建起完整的农产品追溯体系，使消费者能充分了解农产品，从而提高网络营销的市场信誉度。

第二章　电商平台+农产品

第一节　电商平台的选择

对于电商从业者来说，选择适合自己的平台非常重要。在开店之前，应当对网店平台有充分的认识。

一、B2C 平台

B2C 模式即经纪人模式，是指批发商、零售商通过网上平台卖农产品给消费者或专业的垂直电商直接到农户采购，然后卖给消费者的模式。此类模式是当前的主流模式，具有无须承担压货风险的优势，但对平台的流量、供应链的要求较高。B2C 模式对应的平台分为以下几类。

（一）综合性的 B2C 电商平台

目前国内规模比较大的综合性 B2C 电商平台主要有淘宝、京东、天猫和拼多多，这四大平台各有特色。

1. 淘宝

淘宝网（https://www.taobao.com）成立于 2003 年，由阿里巴巴集团投资创办。淘宝网推出之后，短短几年之内就成功占据了国内市场，成为电子商务领域的领头羊，也是众多商家开办网店的首选。

淘宝网的准入门槛很低，只需要根据指引进行实名认证，便可以开通一家属于自己的店铺。但在淘宝开店也有一定的缺点，淘宝商家需要面临激烈的竞争环境，直通车、钻展等引流方式都需要不少资金，这对很多创业者来说都是不小的压力。

2. 京东

京东（https://www.jd.com）是我国的综合网络零售商，是中国电子商务领域受消费者欢迎和具有影响力的电子商务网站之一，在线销售家电、数码通信、电脑、家居百货、服装服饰、母婴、图书、食品、在线旅游等12类数万个品牌百万种优质商品。京东已经建立华北、华东、华南、西南、华中、东北6个物流中心，同时在全国超过360座城市建立核心城市配送站。

2023年1月1日起，京东针对个人商家开放入驻通道，自然人可以注册京东小店（京东小店是针对个体工商户和自然人商家入驻的POP店铺模式），仅需身份证和手机号，就可通过京东App、京麦App、京东招商小程序、京东招商微信公众号等移动端便捷操作店铺注册，最快10分钟成功开店。

3. 天猫

天猫（https://www.tmall.com）是在淘宝的基础上发展起来的，原名淘宝商城，创建于2008年，是一个综合型购物网站。在成立初期，天猫的经营模式和淘宝一样，凭借着免费模式和接地气的风格，在市场上占据了主导地位。但这样做的缺点也很明显，就是很难保证品质，因此天猫的升级是必然的选择。2012年，淘宝商城正式更名为天猫，推出天猫专营店，提升了天猫的商品品质，与京东、苏宁等商家展开对抗。相比之下，天猫的准入门槛比淘宝高得多，使得天猫能够为顾客提供质量更高的服务，天猫的所有商家都是经过审核的，更值得信赖。

喵鲜生是天猫旗下的一个大型生鲜食材及服务平台。商品大类包括优质水果、水产、肉禽等。借助菜鸟物流，天猫生鲜可实现全国 246 个城市 24 小时送达。喵鲜生很好地借助了阿里巴巴电商的大数据资源，这使得其可以清楚地了解用户的消费习惯和需求，以市场倒逼机制反向推动农产品的品质提升和农业产业的升级。喵鲜生能够针对季节性商品采用 C2B 预售的模式，并最终使供应链变得更短。

4. 拼多多

拼多多是目前国内移动互联网的主流电子商务应用平台。它成立于 2015 年 9 月，专注于 C2M（customer-to-manufacturer，用户直连制造）拼团购物的第三方社交电商平台，用户通过发起和朋友、家人、邻居等的拼团，可以以更低的价格拼团购买优质商品。在众多电商平台中，拼多多具有操作简单、用户接入点强、对小卖家友好、可以消化其他平台店铺的库存和积压等优势。

（二）专注于农村电商的电商平台

近几年来，专注于农产品上行的平台如雨后春笋般涌现。据商务部统计，农产品销售的平台有 3 000 多家，既有顺丰（顺丰大当家）、中通（中通优选）等物流企业跨界融合的电商平台，又有本来生活网专注于食品的平台，也有乐村淘网布局全国的农村电商平台。

（三）区域性电商平台

农产品上行并非要卖到全国，也有消费半径和销售半径，本地特色的“三品一标”，在本区域内销售或者辐射本区域外、省内和附近省市都可以。区域内的农产品“小循环”，可以提升物流速度和客户体验感，如 37 秒易淘商城，辐射黑龙江及周边地区，反而走出差异化和特色化的路子，值得关注。

二、B2B 平台

B2B 是“互联网+”在农业领域进行突破和实践的重要运营

模式，主要适合于大宗农产品交易，也可以将它比喻成农产品“网上批发”。B2B 具有规模大、机会多、供应链上中下游业务区隔明显等特点，它正在成为未来发展的重心。此类平台主要有中国惠农网、一亩田、美菜网等。

（一）中国惠农网

中国惠农网是 2013 年 9 月上线，由湖南惠农科技有限公司推出的 B2B 网站，该平台主要以 B2B 的方式为农村用户服务，为农产品提供供销渠道。该网站包含果蔬种植、水产养殖、园林园艺、副食特产、农资供应、中药材 6 个类目，涵盖了全国各品类农产品。中国惠农网不仅可以免费建立商铺，而且为农产品求购信息提供发布平台，为农产品交易提供一个安全可靠的环境。

（二）一亩田

北京一亩田新农网络科技有限公司（简称一亩田）成立于 2011 年，是一家基于移动互联网技术、深耕农产品产地、促进农产品流通效率的互联网公司。一亩田采取 B2B 电商业态，主要为具备一定规模的农产品经营主体提供交易撮合服务，平台供应商主要有农村合作社、经纪人、种植大户、家庭农场等。一亩田采购商有农产品批发商、加工企业、超市、餐饮连锁企业、B2C 卖家、出口贸易企业。截至 2022 年 4 月，一亩田平台已经覆盖全国 2 800 个县的 1.5 万种农产品品类，用户数量达到 4 000 万，是移动端 App 用户数量最多的农业电商平台。

（三）美菜网

美菜网是由北京云杉世界信息技术有限公司于 2014 年成立的。美菜进行资源整合，从田间地头到城市消费者，通过建立“两端一链一系统”的模式，把农产品的产业链转化为肉眼可见的数据，让数据成为农业生产的新工具，从而带动现代化农业的发展。如今，美菜已经成长为我国杰出的百强生鲜食材供应链服务商，不仅为全国餐饮店提供优质的新鲜蔬菜，而且也为万千农民带来增收致富的路径。

第二节　淘宝平台运营

一、淘宝平台的入驻

淘宝平台的店铺主要包括集市店铺（常称为 C 店）、商城店铺（常称为 B 店）以及农村淘宝 3 种类别，它们之间的区别以及具体的加入条件如下。

（一）集市店铺

1. 集市店铺的类型

淘宝集市店铺主要包括淘宝个人店和企业店，在淘宝网通过实名认证，以个人名义即可创建的店铺为淘宝个人店，以企业的名义创建的店铺为淘宝企业店。

2. 集市店铺的入驻

第一步，使用邮箱注册淘宝账户；第二步，进行支付宝认证（个人店铺进行个人实名认证，企业店铺进行企业实名认证）；第三步，填写注册信息（个人店铺填写个人身份信息，企业店铺填写注册信息）；第四步，创建店铺成功；第五步，缴纳保证金（1 000 元起，类目不同保证金不同）；第六步，开店营业。

（二）商城店铺

1. 商城店铺的类型

天猫商城是一个综合性购物网站，商城店铺也称天猫店铺。天猫店铺有以下 3 种类型。

（1）旗舰店。商家以企业自有品牌入驻淘宝商城，所开设的店铺称为“某品牌旗舰店”，自有品牌企业，有自有商标。

（2）专卖店。持正规品牌授权书，在天猫商城开设的主营该品牌的店铺，称为“品牌专卖店”。

（3）专营店。经营天猫同一大类下2个及以上品牌商品的店铺。一个大类下专营店只能申请一家。

简单地说，旗舰店是品牌的持有者，拥有商标使用权，只能经营自有单一品牌。专卖店需要有品牌授权，只能经营一个品牌。专营店可以同时经营多个品牌，所经营品牌可以自有，也可以经品牌商授权。

2. 商城店铺的入驻

天猫店铺审核非常严格，只接受合法登记的企业用户，一般都需要企业自有品牌或商标。天猫店铺的入驻一般分为提交入驻资料、商家等待审核、完善店铺信息、店铺上线等几个环节。

（三）农村淘宝

1. 农村淘宝介绍

农村淘宝是阿里巴巴集团的战略项目。农村淘宝于2017年6月1日正式升级，升级后的农村淘宝和手机淘宝合二为一，手机淘宝针对农村市场增设家乡版。

农村淘宝针对农村市场的用户，既有女装男装、鞋包饰品、粮油美食、日化洗护，也有母婴玩具、办公影音、家用电器、家具家私，还有农民常用的种子肥料、农用机具、农膜农药。淘宝网的店铺要入驻农村淘宝平台，需要提交入驻申请并通过审核。

2. 农村淘宝平台入驻

淘宝个人店铺需要具备下列条件。

（1）店铺卖家服务评级系统（detail seller rating，DSR）包括宝贝描述相符、卖家服务态度、发货速度3项指标，入驻要求评分3项指标分别不得低于4.6。

（2）B类严重违规行为（泄露他人信息，发布违法、违规商品或信息，侵犯他人知识产权，欺诈，盗用账户）为 0 分，A 类违规行为（信誉炒作、商品属性、类目写错，以及商品标题与类目和图片不一致、乱用关键词）≤12 分，假货 0 分。

（3）淘宝店铺开店时间≥365 天。

（4）店铺好评率≥95%。

（5）近 1 个月人工介入退款笔数占比≤1%或笔数≤5 笔。

（6）卖家信用等级 1 钻以上。

淘宝企业店铺，以及中国质造、金牌卖家、极有家、亲宝贝、汇吃店铺，入驻需要具备下列条件。

（1）店铺 DSR 评分 3 项指标分别不得低于 4. 6。

（2）B 类严重违规行为 0 分，A 类违规行为≤12 分，假货 0 分。

（3）淘宝店铺开店时间≥90 天（此开店时间计算按商家开店日期计算，如某企业店铺 2016 年 10 月 1 日开启个人店铺，但在 2017 年 2 月 1 日认证为企业店铺，开店从 2016 年 10 月 1 日开始计算，截至 2017 年 2 月 20 日，开店时间已超过 90 天，此商家即可开放签约入口）。

（4）店铺好评率≥95%。

（5）近 1 个月人工介入退款笔数占比≤1%或笔数≤5 笔。

符合以上条件的店铺，在淘宝平台销售商品还需要缴纳综合服务费，费率可通过规则页面查看。成功签约入驻后，无须再次发布商品，系统会帮助店铺自动同步商品到农村淘宝页面。更多的农村淘宝规则可参考农村淘宝规则中心。

二、淘宝平台运营与推广

（一）商品优化

淘宝平台商品的优化主要从淘宝商品主图、商品标题、商品详情页3个方面来进行。

1. 商品主图优化

商品主图是影响点击率的第一要素。而流量=展现量×点击率。因此，在同等展现的情况下，如果点击率提高1倍，商品的流量也就相应地提高了1倍。好的主图一般遵循以下几个原则。

（1）合适尺寸，展示全貌。淘宝主图一般要求为正方形，也就是高宽一致，这样在展示时就不会变形。主图要求选700像素×700像素以上的图片，大小不超过3MB。大多数行业都要求第5张主图为白底图，白底图要清晰展示商品的全貌。如果是手机端主图，第6张商品长图横竖比必须是 2∶3。

（2）精简文字，提炼卖点。淘宝的主图很多都有展示的文案，帮助消费者选择。对于展示文案的具体内容，店主要分析商品及受众，提炼出最精髓的信息予以展示。例如，功能类商品以展示功效为主，对于普通消费人群以展示优惠折扣为主。在实际应用中，提炼的卖点文案一般应少于10个字，放大自身的优点，做到差异化。农村电商一般展示卖点的方法：把商品放在场景中，把商品的特性用实物图展示出来，把商品的配套件或赠品展示出来，把商品的累计销售量展示出来。

（3）巧用背景，合理布局。在拍摄时，选择与商品本身色彩差异较大的背景颜色，同时要注意背景切勿太杂太乱，否则会影响商品在图片中的主导地位，也可以把图片背景适当进行模糊处理，以突出商品形象。

（4）主辅结合，遵从要求。主图的5张图片可规划为第1张为正面图、第2张为背面图、第3张为侧面图或者细节图、第4张为细节图、第5张为包装图，商品主图尽量色系统一。对于食品行业来说，其商品主图中一般要有一张辅助图片展示商品包装及参数。

淘宝主图视频已基本面向所有商家开放，它能有效地在短时间内提升消费者对商品的认知，促进消费者作出决定，提升商品成交转化率，应该引起卖家的足够重视。在制作主图视频时，应注意的事项：一是视频尺寸可使用1：1或16：9；二是视频时长在60秒以内，30秒以内的短视频可优先在爱逛街等推荐频道展现；三是视频的内容要突出商品1~2个核心卖点，不建议用电子相册式的图片翻页视频。此外，视频中不允许出现站外二维码、站外logo、站外交易引导内容等。

2. 商品标题优化

商品标题也称为商品名称，虽然淘宝的流量多元化，但是搜索流量始终还是主要的流量来源，这说明商品标题在销售过程中的重要性。优化商品的标题，主要从以下几方面进行。

(1) 关键词的选择角度。

① 热门关键词。淘宝网会定期筛选出一些近期消费者关注和常用的关键词来作为热门关键词推荐，在商品属性类目中用醒目的红色标识出来；在淘宝搜索下拉框中会出现一些推荐搜索热词，以吸引消费者的关注，帮助他们更快地找到需要的商品信息。例如，龙井：浓香型、2020年新茶。热门关键词不仅是消费者最常用的关键词，也是卖家提高流量的快车道，卖家可以随时关注并及时修改商品名称，增加相应的热门关键词，为商品争取更多的露面机会。

② 类目关键词。类目关键词就是商品的品名，一般由两三个字组成，它们本身的搜索量和竞争度都非常大，伴随着无线端的发展，这类短词、热词的竞争更加激烈，如多肉植物、桌面盆栽、营养土等。

③ 精准属性词。精准属性词主要是指能够精确表达商品本质，直击消费者购买需求的关键词，常会在类目关键词上加上一

个或多个修饰词，也就是常说的长尾词，如沁州黄小米、西湖龙井、室内盆栽植物等。

（2）关键词的选择方式。

① 搜索下拉框。消费者在淘宝首页搜索框中输入某个关键词时，下拉框中会根据键入关键词的相关性出现推荐搜索热词。在网店经营过程中，卖家应多搜索和自己店铺类目相关的关键词，以便掌握关键词动态，及时调整关键词。无线端流量日趋重要，而且无线端下拉框的推荐词点击率非常高，所以无线端关键词的重要性不言而喻，这就需要及时关注无线端相关的推荐关键词。

② 你是不是想找。在淘宝搜索结果页面的搜索栏最下面一行有“你是不是想找”一栏，此处也有部分关键词推荐，这些关键词的搜索量也较大。

③ 生意参谋。利用生意参谋也可以选择关键词，在生意参谋的“市场看板”中找到“行业热词榜”，选择热门搜索词，选择时间、商品类目及终端，按照搜索人气、转化率把排名靠前的关键词整理出来。这些词是优化商品标题时可使用的优质关键词。

④ 淘宝直通车。在使用淘宝直通车推广商品时，系统会根据商品信息，推荐一些相关的关键词，网店运营人员可以根据关键词的展现指数、竞争指数、点击率、点击转化率进行选择。

（3）关键词的组合形式。网店运营人员收集到关键词之后，由于商品标题的字数限制，不能将所有词都放到标题里，这时候就需要进行筛选和组合关键词，筛选关键词的时候除了要把握关键词与商品的相关性外，还需要考虑关键词的竞争力。竞争力越大的关键词越好，因为竞争力从某种意义上表示单个商品可以获得的订单数量。公式为：

竞争力=搜索人气×点击率×转化率/在线商品数

筛选关键词后，网店运营人员可以根据下面的方法组合标题：对于刚上架的新品，可用“品牌词+热搜词+属性词+长尾词+货号”来规划商品标题；对于成长型的商品来说，可用“促销信息+热词+品牌词+功能+品名+规格”来搭配商品的标题；而对于成熟的商品来说，可用“营销词+品牌名+年度+季节+特色+属性词+风格+类目词”组合优质的商品标题。

3. 商品详情页优化

商品详情页是商品展示区，是引导消费者完成购买目标和任务的关键，需要不断完善调整，才能真正留住消费者，提升转化率。

（1）商品详情页的作用。

① 延长停留时间。图片美观、布局合理、文案细致、店铺特色鲜明、图片响应速度快等，都会延长消费者的停留时间。

② 提升店铺访问深度。店铺访问深度是衡量店铺是否足够吸引消费者、把消费者留下来下单的重要指标。在商品详情页中合理搭配好关联销售是提升店铺访问深度的重要方法之一。

③ 提高转化率。优化商品详情页，能够激发消费者的购买欲望。网络消费者只能依靠卖家展示的商品图片和已购买过的消费者的评论来猜测商品的质量，然后决定是否购买。因此，优化商品详情页能进一步提高商品转化率。

（2）商品详情页的设计。商品详情页应充分考虑消费者关注的信息和浏览习惯。商品详情页的展示逻辑应该是先展示商品，再将商品的卖点描述清楚，给消费者实惠，让消费者心动，通过品牌和服务树立信任，最后才能达成交易。

（二）营销推广

1. 店铺营销工具

工欲善其事，必先利其器，想运营好一个网店需要有很多工具。淘宝集市店铺的营销工具包括单品宝、优惠券、店铺宝、搭配宝、微海报等，运营人员可以结合自己店铺的实际情况进行选择。

2. 直通车

除了店铺营销工具外，淘宝平台还提供了网店推广工具，其中最常用的是淘宝/天猫直通车、钻石展位和淘宝客。

淘宝直通车是为专职淘宝卖家量身定制的，按点击付费，为店铺实现宝贝的精准推广。推广方式包括搜索词推广和非搜索定向等推广方式。

（1）直通车开通要求。

① 店铺已加入淘宝网消费者保障服务，并依照约定缴纳保证金。

② 店铺信用等级须为 2 心或以上。

③ 店铺动态评分各项分值均不得低于 4.4 分。

④ 卖家未因违反淘宝规则中关于出售假冒商品相关规定而被淘宝处罚扣分。

（2）直通车展示位置。

① 宝贝推广展示位。在 PC 端，淘宝搜索关键词后页面左侧有 1~3 个展示位，提示有“掌柜热卖”，页面右侧有 16 个竖排展示位，页面底端有 5 个横排展示位。手机淘宝/手机网页版搜索结果中，带有“HOT”字样的宝贝为直通车宝贝。

② 定向推广展示位。旺旺买家版的每日焦点、已买到的宝贝、物流详情页、收藏列表页等均有直通车定向推广展示位。

③ 活动展示位。淘宝网各频道页面有直通车的活动展示位。

④ 天猫页面展示位。天猫关键词或类目搜索的最下方有“掌柜热卖”，共5个展示位，可根据计算机的屏幕显示自动调整展示位个数。

3. 钻石展位

钻石展位是以图片展示为基础，以精准定向为核心，面向全网精准流量实时竞价的展示推广平台。钻石展位支持按每千次浏览单价付费（cost per thousand，CPM）和按每点击成本付费（cost per click，CPC），为卖家提供精准定向、创意策略、效果监测、数据分析、诊断优化等一站式全网推广投放解决方案，帮助卖家实现更高效、更精准的全网数字营销。卖家可以根据群体（地域和人群）、访客、兴趣点3个维度设置定向展现。

（1）钻石展位开通要求。钻石展位面向C店和B店卖家广泛开放，但对卖家资质和商品类目有一定的要求。店铺主营类目要在淘系支持投放的主营类目范围内。

店铺要求：店铺各项DSR评分在4.5分以上（特殊类无DSR要求或者可相应放宽要求，由平台根据特殊类目的具体情况另行确定）。C店还要求店铺好评率在98%以上。个人信用等级在一钻及以上的B店只要信用等级大于零即可，店铺中出售的商品要在10件以上。

（2）钻石展位的资源位。在淘宝、天猫首页、各个频道、淘宝无线端均有大尺寸展位。此外，还有淘宝站外如新浪微博、腾讯、优酷等各大优势媒体。资源位可以在钻石展位后台“资源位”中查看，分19个行业，其中“网上购物”为淘宝站内的资源位，其他为全网资源。

4. 淘宝客

淘宝客推广是一种按成交计费的推广模式，也指通过推广赚取收益的一类人。淘宝客推广最大的优势是按成交量付广告费，在成交后，自动从卖家支付宝中扣除相应的佣金。对于卖家来说，淘宝客推广是一种稳赚不赔的推广形式，备受卖家推崇。

在淘宝客推广模式中，有推广平台、卖家、淘宝客以及买家4个角色。每个角色都是不可缺失的一环。

推广平台：帮助卖家推广产品；帮助淘宝客赚取利润，每笔推广的交易抽取相应的服务费用。

卖家：佣金支出者，他们提供自己需要推广的商品到淘宝联盟，并设置每卖出一个商品愿意支付的佣金。

淘宝客：佣金赚取者，他们在淘宝联盟中找到卖家发布的商品，并且推广出去，当有人通过自己的推广链接成交后，就能够赚到卖家所提供的佣金。

淘宝客只要从淘宝客推广专区获取商品代码，任何买家（包括自己）经过推广（链接、个人网站、博客或者社区发的帖子）进入淘宝卖家店铺完成购买后，都可得到由卖家支付的佣金。

（1）淘宝客开通条件。卖家店铺DSR评分均不低于4.5。店铺状态正常且出售中的商品数大于等于10件。签署支付宝代扣款协议。未使用阿里妈妈或其关联公司其他营销商品（包括但不限于钻石展位、淘宝直通车、天猫直通车等）服务时因违规被中止或终止服务。

（2）淘宝客推广的资源位。淘宝客投放资源，具体的推广资源有3种。①网站推广：包括自有的PC端网站和无线端网站。②导购推广：通过聊天工具（QQ、微信等）、分享（博客、空间、微博）、短视频（抖音、快手等）等方式推广。③App推广：通过手机、iPad等无线应用下载推广。

第三节　京东平台运营

一、京东平台的入驻

京东注册个人店铺比较简单，下面主要介绍京东的企业店铺的入驻条件及运营方法。

（一）京东平台经营模式

1. 自营

自营即京东自己采购自己销售。简单地说，自营就是商家把商品委托给京东去售卖，货发到京东仓库，由京东配送。

2. 开放平台（platform open plan，POP）

类似于京东商城帮商家做代销或分销。京东商城提供的是服务，不负责采购。京东收取入驻费平台使用费、商家其他服务费以及销售分成。

POP 平台下共分为 4 个模式——FBP、LBP、SOPL、SOP。

FBP：卖家在京东销售商品，京东提供仓储来管理所销售商品，京东完成购物订单配送和收款，京东开具发票给消费者。

LBP：卖家在京东销售商品，卖家每日将消费者订单打包送京东分拣中心，京东完成购物订单配送和收款，京东开具发票给消费者。

SOPL：卖家在京东销售商品，卖家每日将消费者订单打包送京东分拣中心，京东完成购物订单配送和收款，卖家开发票给消费者。

SOP：卖家在京东销售商品，卖家每日将消费者订单打包并自行或采用快递完成购物订单配送，卖家开发票给消费者。

商家可以根据自身规模及经营需要，选择适合自己的合作模式。需要注意的是，选定模式之后不可更改。

（二）京东平台入驻流程

京东平台的入驻流程和天猫店铺的入驻流程基本相似。最基本的要求就是需要有企业资质。

1. POP 商家的入驻

图 2-1 所示为 POP 商家的入驻流程。

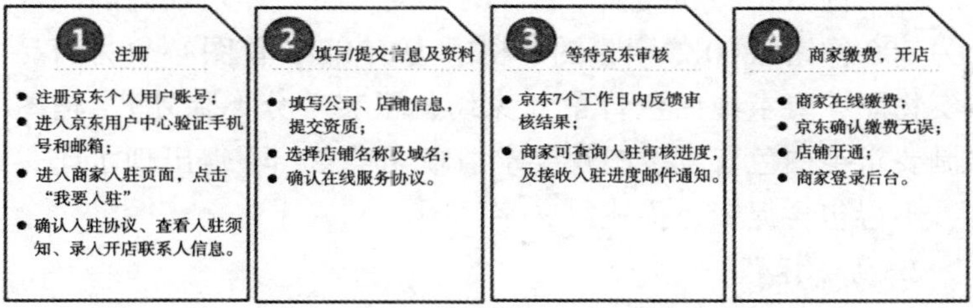

图 2-1　POP 商家的入驻流程

2. 自营店铺的入驻

（1）官网注册：注册京东“个人用户”账户，登录自营供应商入驻系统。

（2）基本信息填写：签署在线协议，提交公司基本信息、财务信息、资质信息，保存并提交。

（3）采销审核。

（4）开通后台，创建商家账户。

（5）提交品牌资质证件，等待审核品牌及产品相关资质。

（6）签订合同，并缴纳保证金等。

（7）筛选商品，审核上架。

（8）开通自营旗舰店，店铺装修。

二、京东平台农村电商运营方法

（一）商品优化

在京东平台经营农村电商商品时，商品的优化也是从商品主图、商品标题、商品详情页3个方面来进行的。

1. 商品主图

京东商城主图和淘宝平台稍有不同，主要体现在商品图片大小为800像素×800像素，图片格式为JPEG，首图必须为商品主体实物图，要求纯白色背景（家纺、服装等分类除外），辅图不强制要求纯白色背景。图片要求清晰无噪点，不得出现水印、拼接，不得包含促销、描述等文字说明。

2. 商品标题

一个完整的标题组成应遵循的规则为中文品牌（英文品牌）+商品名称+基本属性（材质/功能/特征）+规格参数（型号颜色/尺寸/规格/用途/货号）（非必填）。当季或预售新品标题名称中可增加“年份+季节+新款”表示新品，此描述应放置在品牌名称后面，其他商品描述要求不变。描述顺序可调整，在商品名称中，滥用品牌、滥用关键词堆砌，或者添加与本商品无关的字眼将受到平台的处罚。

3. 商品详情页

用于承载商品描述内容的商品详情页占有举足轻重的地位。详情页设计的好坏，直接影响到商品转化率，京东的商品详情页可以参照淘宝店铺详情页设计法则进行设计。

（二）营销推广

1. 自然搜索排序

京东搜索怎样排序、如何让商品得到更多的曝光机会是各个商家特别关心的事情。与其他电商搜索类似，京东搜索排序就是将匹配关键词的商品按照对消费者需求满足程度依次展示，目的是帮助消费者快速方便地找到所需商品。

提升京东搜索排序要考虑的因素如下。

（1）文本相关性，只有在商品标题、属性、广告词、商品评价标签里含有搜索词的商品才被展示，其中商品标题和关键词的相关度最为重要。

（2）类目相关性，与搜索词更为相关的类目下的商品会优先展示。

（3）商品销量、销售额、评论数、商品属性、消费者关注度都会影响商品排名。

（4）搜索反馈，某查询词结果中商品的点击量和下单量、消费者通过搜索进入商品详情页的平均时间、商品的搜索点击转化率均影响商品排名。

（5）京东平台风向标，包括用户评价、客服咨询、应答率、物流履约、售后服务、退换货返修率、京东放心购、咚咚 30 秒应答率和咚咚平均响应时长等指标均影响商品排名。

（6）个性化排序，搜索千人千面。同一搜索词，不同的消费者可看到不同的搜索结果。

2. 促销推广营销工具

京东 POP 商家后台店铺营销工具有单品促销、赠品促销、满减促销、满赠促销、满减送促销、多买优惠促销、套装促销、满额返券。

京东在用户营销方式上有优惠券、会员折扣、会员专享、签到有礼、店铺礼包、收藏有礼、分享有礼、评论有赏、购物车红包、爆品红包等。

3. 精准通

精准通是京东旗下的营销推广平台，拥有多样化的广告营销商品、智能化的投放系统和完善的服务体系，依托京东的大数据优势，可以为商家提供精准、高效的一体化电商营销解决方案，帮助商家实现营销效果的最大化。精准通包括京东快车、京东直投、京挑客等。

（1）京东快车是一款面向京东商家的网络营销工具，可在京东站内外展现，其计费方式为 CPC。京东快车在全网最佳页面展现商家的商品和品牌，实现广告精准投放，提升商家转化率。

京东快车可以创建图片推广和商品推广 2 种。展现位置位于商品列表页上方、下方、左侧，搜索页左侧、底部，如图 2-2 所示。

图 2-2　京东快车展示位置

（2）京东直投是一款精准定向引流的营销工具。商家通过京东直投可获得百亿级腾讯系流量，包含微信、QQ 空间、腾讯朋友网、QQ 客户端（QQ 秀）、每日精选页卡及腾讯网等海量优质资源位。京东直投基于大数据平台深挖用户购物行为，精准定位让商家获得更高效的回报。

（3）京挑客（原京东联盟）于 2010 年建立，汇聚了购物分享、返利、娱乐等 15 种流量资源，致力于为京东的自营商品及

POP 商家提供一种按照实际成交额给推广者支付服务费的广告投放模式。

京挑客属于效果类广告，该类型广告投放类型的显著特点为免费展示、免费点击；成交后支付一定比例的技术服务费；按效果付费，风险相对较低。

第四节　拼多多平台运营

一、拼多多平台的入驻

（一）拼多多店铺类型

拼多多平台国内商家可以选择 2 类共 6 种入驻的身份。具体来说，拼多多平台的店铺类型包括个人店和企业店 2 类。个人店适合个人、个体工商户，提供身份证等材料即可开店。而企业店则适合公司、企业，提供营业执照等材料就可以开店。2 种店铺类型最主要的区别在于开店的主体不同。个人店开店的主体是个人，企业店开店的主体是公司或企业。

个人店分为个人店和个体工商店。个人店和个体工商店都是个体性质。区别在于个人店开店的主要资料是身份证，而个体工商店开店的主要资料是个体工商户的营业执照。

企业店分为旗舰店、专卖店、专营店和普通店。它们的区别在于经营店铺的品牌要求不同。旗舰店经营 1 个自有品牌或者 1 级授权品牌。专卖店经营 1 个授权品牌的商品。专营店经营同一主营类目下 2 个及以上品牌商品的店铺。普通店经营的店铺没有品牌的要求。

拼多多平台入驻是免费的，但如果想良好地运作店铺，商家需要缴纳一定的保证金，不同店铺类型、不同类目的保证金要求不同。

（二）不同店铺类型的入驻条件

1. 个人店和个体工商户的入驻资质

个人店铺入驻的身份是个人，入驻需要的资料如下：一个能收到短信的手机号；身份证（一张身份证最多可以注册 2 个个人店）；保证金 2 000 元（虚拟类目的保证金是 10 000 元）；个体工商户的营业执照（只有个体工商户店铺才需要）。

2. 旗舰店、专卖单、专营店普通店的入驻

这 3 类店铺入驻拼多多需要的资料如下：一个能收到短信的手机号；保证金 1 000 元（虚拟类目的保证金是 10 000 元）；距离截止日期大于 3 个月的营业执照；距离截止日期大于 3 个月的组织结构代码证；距离截止日期大于 3 个月的银行开户许可证；企业法人的身份证；商标注册证或商标受理通知（旗舰店需要）或商标授权书（专卖店、专营店需要）。

（三）入驻流程

拼多多平台的入口可以在 PC 端完成。PC 端入驻流程如图 2-3 所示。

二、拼多多平台运营与推广

（一）行业分析和店铺定位

作为农产品店铺的店主应如何更好地分析行业和竞品，做好自己的店铺定位呢？可从以下 4 个方面开展。

1. 分析行业数据特征，预判行业体量和未来的趋势

行业的数据最为准确的就是来自官方的数据，查看的路径是用自己注册店铺的账号登录，进入拼多多店铺商家后台，在“推广中心—推广工具—搜索词分析—搜索词查询”中查询。

2. 计算行业客单件，争取最大的利润空间

平台的商品基本都存在阶梯价格，所以需要统计同类商品的

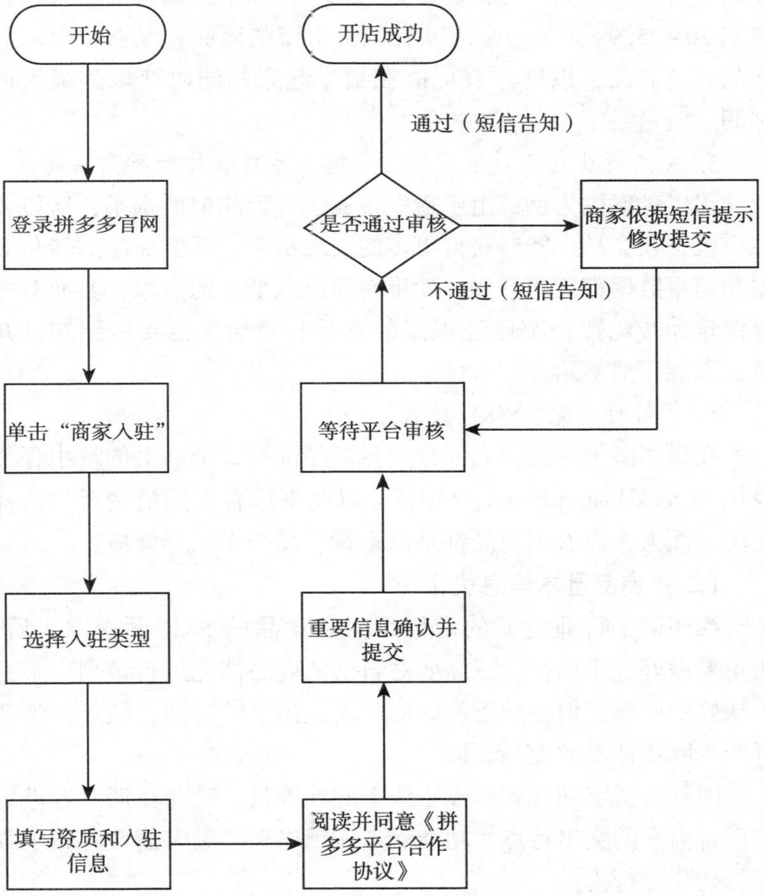

图 2-3　拼多多店铺 PC 端入驻流程

平均价格，店主可通过多多参谋或者电霸等第三方软件可以快速查看。若猕猴桃类目成交的平均单价是 15. 36 元，商家在定价的时候可以参考这个价格。如果做的是中低端的商品，可以将低价商品定价低于15.36元，设置到12.99元以下；高价商品可以设置到20~25.99元。一个店铺有低价引流的商品，又有可争取利润的高价商品，最终才有可能在销量起来的同时获取到最大的利润。

3. 关注行业竞争对手店铺，了解竞品总量和优质竞品数量

仍以猕猴桃为例，由于猕猴桃属于外形相似的水果，所以要想突破，在竞品中能够获得更多的展现机会，需要商品的转化数据和销量数据都比同行好。如果是新进入平台的商家，其面对的是销量和转化数据都已经很好的竞品和竞店，更要做到知己知彼，方能百战不殆。

4. 了解行业竞品SKU设置

在拼多多平台上，大部分类目商品都有2个以上的最小存货单位（stock keeping unit，SKU），以此来适合不同消费者的选择需求。而大多数农副商品都是以重量、品类来区分价格。

（二）商品基本信息优化

当明确了行业竞品的定价区间和竞品的SKU设置方式后，店主要做好一个店铺，更需要对自己的商品情况进行策划。平台不缺好的商品，但是缺乏将好商品表达出来的店铺，缺乏让消费者产生购物冲动的商品页面。

图片、文字和视频相当于线下的导购员，需要在消费者进店之后将商品的突出特点、功能卖点展现出来，吸引消费者做出收藏、购买等行为。

1. 农产品页面展现的卖点

对于农副商品而言，如何将自己的商品表达出特色显得非常重要。农副商品在外观上没有太大的差异，要想凸显自身商品的特色，可以从以下几个方面来表述。

（1）地域优势。拼多多平台农副商品近七成订单来自一二

线城市，所以可以考虑发达城市的人群购买农产品的心理，如想买到自己家乡的特产、想买到有地域特色的农产品、有地域特点的绿色食品等。农副商品的卖家在表述自己卖点的时候，可以多挖掘商品所在产业带的地域优势，而地域优势又可以从气候、湿度、地形、植被、水质、无污染等方面进行表达。

（2）其他优势。卖家还可以挖掘农产品的品种优势、商品营养成分优势、采摘新鲜度优势、种植规模优势、售后服务优势等。

2. 图片和商品的拍摄

农产品的图片大多来自真实的田间地里或后期粗加工的场面，所以在拍摄上可能没有强烈的意境感，但图片要符合清晰、光线充足、画质好的要求。只要在光线充足的前提下，尽可能还原出真实的农村绿色面貌、原生态的风光，最大限度地展示出农产品天然、绿色健康等特点即可。拍摄的工具可以是专业的相机，也可以是拍照功能较强的手机。

3. 主图和详情页的呈现

主图和详情页是商品图片和卖点最终展现的地方，也是消费者了解商品的第一接触点。

（1）主图的展示。拼多多的主图最多可以放 10 张，可以把 10 张轮播图当作详情页来做，展示足够的商品信息，减少消费者流失；主图应呈现出一套完整的逻辑，最大限度地留住消费者，提升其购买的欲望。对于 10 张主图的展示有以下建议。

第 1 张主图可以放“营销点+卖点”提高点击率，营销点如“立减 3 元”“送水果刀”等。第 2 张主图针对消费群体心理，回应消费者最关心的问题，引导购买。第 3 张主图凸显商品的优势。第 4 张主图展示农产品细节点，以超出预期的细节打动消费者。第 5 张主图展示整合资源优势，进一步吸睛。第 6 张主图可以选取优质评论区晒图的图片。第7张主图可以展现果园基地的农产品生产场景图，如原生态采摘、加工、包装图等。第8张主图展现细节，采用高清近物拍摄，可以加上营销文案，进一步强化营销点。第9张主图可以放资质证明、质检报告。第10张主图可以放简单的白底大图。

（2）详情页的展示。详情页能详细完整地展示商品的卖点，让消费者全面了解商品的细节。详情页直接影响收藏率、转化率等数据，最终影响商品的曝光量和店铺的销售额。

详情页顶部前3屏展示的内容，直接影响消费者是否愿意停留在详情页上。第1屏的大图是视觉的焦点，可以放商品的整体图，加上商品最主要的卖点。背景可以采用能够展示品牌调性以及商品特色的意境图，以第一时间吸引消费者的注意力。

详情页中部进行商品全方位的展示，主要以商品的生长地域、种植过程、口感特点、挑选标准、营养优势等细节点来进行展示，可以展现自身商品优势，也可以对比展示。

详情页尾部，可以展示品牌的影响力，如农产品种植基地的优势和规模，最后可以加上售后保障、物流的解决方案。这一部分如果做得好，可以减轻客服的工作压力，也可以增加店铺的静默转化率。

（3）商品的标题优化调整。在拼多多平台，任何一种产品的同类竞品都是非常多的。要在众多的同类竞品中脱颖而出，写一个较好的标题是非常有必要的。首先，要找到商品在平台上搜索的关键词，只有用消费者会搜的词，才可能被消费者搜索到，系统才会有针对性地推荐给有对应需求的消费者。商品标题的优化包含以下2步。

第一步，寻找相关关键词。下拉框找词、搜索页面的细选词。在拼多多购物平台上输入商品名字或者别名，系统会弹出

10 个词，系统推荐的词是在平台上热搜的词，越靠前的词，热度越高，这些词可以用来组成标题。

用推广工具找词。进入拼多多店铺商家后台，在“推广中心—推广工具—搜索词分析—搜索词排行榜”中选择商品对应的类目。系统会推荐过去 3 天或 7 天搜索热度由高到低的相关词，可以参考数据选择适合商品的词并写到标题中。

第二步，构建商品标题。在写标题的时候可以多参考推广工具的词，因为有数据供参考。例如，以“四川猕猴桃”新品标题写作优化为例，可以优先选择点击率较高且其他数据也不错的词，如“黄心猕猴桃奇异果”为主要的核心词放在标题中，再结合下拉框的词，写出的标题：黄心猕猴桃奇异果四川猕猴桃 5 斤*批发整箱一箱新鲜水果现货猕猴桃。

在构建标题的时候，还需要注意：重要的词尽量放在前 12 个字的位置；同样的词尽量不要重复，如果实在需要重复，建议最多出现 2 次；如果是数据特别好的词，词的顺序尽量保持不变直接放于标题中；当写标题词不够写满 30 个字的时候，可以用下拉框找词，也可以参考同行用词，也可以用商品的别名；当商品有较好流量的时候尽量不要修改标题，特别是前 12 个字，如果有一些好的词确实想要加到标题中，可以将关键词尾部的词替换掉。

（三）商品的推广方式

拼多多平台推广的方法有付费推广、参加平台的活动推广、自有资源站外推广，付费推广的方式包括多多搜索和多多场景推广（俗称直通车推广，后文都简称直通车推广）、多多进宝和聚焦展位。本章节主要介绍付费推广中的直通车推广、多多进宝推

---

* 1 斤 = 500 克。

广和活动推广。

1. 拼多多直通车推广

拼多多直通车推广是按照点击扣费的付费推广工具，分为搜索推广和场景推广。这 2 种推广方式都能让商品通过点击付费（展现不付费）的方式让自己的商品展现在更多的地方。

搜索推广是通过关键词竞价获得更好的排名，按点击进行扣费。商家可以通过搜索推广让自己的商品排名靠前，在消费者搜索相关商品词时优先获得商品展示的机会，为商品和店铺引流，从而提升店铺销量及交易额。场景推广是面向全网精准流量实时竞价的展示推广平台，以商品展示为基础，精准定向为核心，面向全网精准流量进行实时竞价。

推广自己的商品之前需要先充值到推广账户中，充值路径是“拼多多管理后台—推广中心—推广账户—充值”，将账户里的余额充值到推广账户中才能正常推广商品。如果余额不足，系统将自动暂停推广，直至账户余额充足系统才会自动恢复推广。

（1）多多搜索推广。

① 搜索推广的步骤。进入搜索推广的路径为“拼多多管理后台—推广中心—推广计划—多多搜索”。进入推广计划后，单击“新建推广计划”，根据自己的目的修改计划名称，计划名称的格式建议“推广目的+日期”，如“猕猴桃新品推广 0920”。

预算有不限和自定义 2 种，不限的意思是不限制这个计划的花费，一般情况下日限额需要限制。

分时折扣可以调整一天 24 小时的投放比例，0—9 时没有客服在线，不想投放广告，可以选择不投放。新计划新品的推广可以将 0—9 时投放时间修改为 50%，其他时间可以 100% 正常投放，修改的方法是选择对应时间的比例，系统会弹出输入比例的对话框，填写好比例数字即可。

推广过程中，首先要选择推广的创意图片，创意图片可以是商品的轮播图。然后再选择与商品符合的最多200个关键词，建议刚开始选择30个词以内，出价可以参考系统的建议出价。人群可以选择系统推荐的最基本的几个人群，针对不同人群可溢价出价，溢价出价控制在10%~30%即可。设置好之后搜索推广设置就完成了。

② 搜索推广的优化。商品推广完成之后，可以看到选择的词都有对应质量得分。质量得分是搜索推广中衡量关键词与商品推广信息及拼多多用户搜索意向相关性的综合性指标，以10分制的形式呈现，分值越高，越能获得可观的系统推荐的曝光，从而获得更多的访客流量，获得更理想的推广效果。

质量得分会影响消费者点击一次需扣的费用，如想要同样的预算引来更多流量就需要不断提升质量得分。而每个词的质量得分与商品点击率、转化率、销量等因素相关。所以，在做直通车的过程中要不断测试创意图的点击率，删除或者降低效果不好的关键词和人群的出价。对创意图的优化，也要不断做调整测试。

（2）多多场景推广。

① 场景推广的步骤。进入多多场景推广的路径为“拼多多管理后台—推广中心—推广计划—多多场景”。进入推广计划后，填写计划的名称，选择推广的商品，然后设置折扣时间等，这与多多搜索推广的操作类似。在场景推广的计划设置中，人群溢价处多了添加地域定向人群功能。

② 场景推广的优化。定向的优化调整主要是选择7~30天的数据，点击率较高、收藏数较多、有成交订单量的人群，就可以调高溢价比例；反之则降低溢价比例，甚至可以删除人群。在调整溢价比例的时候建议幅度不要太大，尽量以5%为幅度进行调整。

③ 推广报表的查看。推广报表查看的路径为“拼多多管理后台—商家后台—推广中心—推广报表”。页面右上角可以选择查看数据的时间，页面显示的是选择的时间段内的曝光量、点击率、转化率等数据。商家可以根据整体的数据将效果好的推广计划和商品加大推广力度，效果不好的商品降低花费甚至是暂停推广。

2. 多多进宝推广

多多进宝是一个按照成交付费的推广工具，商家可以给推手设定一定的佣金比例，让推手帮助商家分享商品链接，实现商品销售和推手获利的双赢。帮助商家推广商品获得佣金的人称为推手或多多客。

佣金比例范围为 1%～50%，佣金 =（买家实付+平台券）×佣金比例=商家实收货款×佣金比例。佣金会在消费者确认收货后进行扣除，转至推手账户。多多进宝最多可以推广 100 个。

设置的路径为“拼多多管理后台—商家后台—多多进宝—推广设置”。推广的方式有单品推广和全店推广。全店推广一旦设置成功，则全店所有的商品都将参与多多进宝的推广，推手有机会推广全店的商品。全店推广的设置比较简单，第一次开通多多进宝的时候，设置好全店推广佣金比例，就可以开通了，全店推广的佣金比例建议设置最低为 1%。

单品推广分为通用推广、专属推广和招商推广。

（1）设置商品的通用推广。通用推广是所有的推手都可以推，而且所有的推手所获得的佣金比例是相同的。通用推广的设置方式步骤是“添加商品—推广设置—推广成功”。添加商品列表会自动读取商家店铺里的商品，选择要推广的商品，设置佣金比例，范围是 1%～50%，佣金比例设置成功后，第二天 0 时开始推广自动生效。

（2）设置商品的专属推广。专属推广是对多个推手设置单独的佣金比例，只有设置了 ID 的推手才能享受到专属推广的佣金。专属推广的设置步骤是“添加商品—推广设置—推广成功”。选择已经在通用推广设置过的商品，然后进入专属界面，填写推广者 ID 以及佣金比例，再添加优惠券，专属推广就设置成功了。

（3）设置商品的招商推广。招商推广是指一个很有实力的推手号召了众多的推手一起来推广某一个或者某几个商品。在设置过程中，招商推广界面需要设置 2 个佣金，一部分佣金是给号召推手的团长的，另一部分佣金是给推手的。佣金比例的填写要事先跟团长协商好比例再去填写。

以上 3 种方式只需要商家设置完成，剩下的推广工作就可以交给推手去完成了。商家要做的事情是查看订单报表和发货。

3. 活动推广

活动推广即参加官方的活动，以此来增加商品的销量。所有的商家都可以在“商家后台—店铺营销—营销活动”中选择合适的活动申报，经过审核之后，就可以将商品上架到对应的资源位上进行展现。平台活动能够报名成功的基本条件就是报名的商品价格要全网最低，在大部分的平台活动中都需要填写商品在淘宝等平台的同款链接，目的就是便于系统进行比价。

第三章　网络直播+农产品

第一节　直播营销概述

一、直播的概念和特点

（一）直播的概念

直播一词由来已久，在传统媒体平台就已经有基于电视或广播的现场直播形式，如晚会直播、访谈直播、体育比赛直播、新闻直播等。辞海对直播的定义为不经过录音、录像而直接播出的广播电视节目。

随着互联网的发展，尤其是智能手机的普及和移动互联网速度的提升，直播的概念有了新的延展，越来越多基于互联网的直播形式开始出现。

在互联网时代，直播就是指网络直播，是指用户在手机或计算机上安装直播软件，利用摄像头进行实时拍摄和呈现，其他用户可以在相应的直播平台直接观看和互动。

（二）直播的特点

1. 娱乐性强，内容丰富多样

现在直播具有极强的娱乐性，可以满足用户碎片化的娱乐需求。不管是秀场直播，还是电商直播，主播选择的直播内容往往带有娱乐因素，能够让用户感受到快乐。不同的主播对应着各种类型的直播内容，如唱歌、户外、教学、电商卖货、产品发布会等，可以满足用户多方面的内容需求。

2. 即时互动，分享便捷

与图文、短视频等内容类型相比，直播具有更强的即时互动性。在网络直播中，不管主播的名气大小，都会与用户进行实时交流。在直播营销过程中，电商企业、品牌商在向用户呈现商品的营销信息时，用户可以针对营销信息发言互动，分享消费体验，实时反馈自己的意见，真正参与到企业的商品生产或营销活动中，这样既有利于增强用户的参与感，消除品牌与用户之间的距离感，还能调动直播间的氛围，促使企业进一步优化商品和不断地完善营销活动。

用户在感受到网络直播带来的愉悦后，可以通过发送链接或二维码将直播间分享到微信朋友圈、微博等社交平台，被分享者不需要额外的操作就可以准确、迅速地进入相应的直播间。

3. 身临其境，用户体验更真实

由于直播的实时互动性，直播所展示出来的内容无法经过后期加工，使用户有很强的真实体验。因此，直播营销可以展示商品的生产环境、生产过程，让用户了解真实的生产制作过程，从而增加信任度。同时，直播商品的试吃、试玩、试用等过程可以让用户直观了解商品的使用效果，从而刺激其购买欲望。

二、直播营销的优势

直播营销是指在互联网时代，以直播平台为载体，通过视频直播的技术手段，在事件发生的现场同步制作和播出节目，以达到提升品牌、增加销售目的的网络营销模式。农产品直播营销具有如下优势。

（一）全面直观，提升顾客信任

信任是影响顾客购买的重要因素，现在食品安全问题层出不穷，顾客更希望了解农产品的生产源头环节，以确定买到的食物安全无污染，而网络直播能解决这一问题。直播打破了时间、空间的限制，拉近了买卖双方的距离，可以全面直观地展示农产品的种植、生长环境、生产过程、产品如何采摘、包装发货……采用这种可视化的方式，使生产及销售流程更加透明，能让消费者更放心，对产品、生产者乃至销售店铺产生更高的信任。

（二）降低成本，提高销售效率

传统的电商平台为获取流量常采用打折降价、购物满减、赠品等活动方式，这些方式不仅成本高，而且会让消费者认为存在价格欺诈，从而降低顾客忠诚度。而直播相对于传统的电商更能迅速、大量拉动流量，使流量的购买及获取成本大大降低。传统电商模式下，顾客主要通过文字方式向卖家咨询，而卖家的销售答疑也通过文字方式一对一进行，咨询服务的工作量大而且效率低，若不能及时回应还会降低顾客满意度。而采用直播营销方式，卖家可以一次性解决对农产品的说明讲解和一些顾客存在的共性问题，从而大大减轻人员负担，提高了工作效率，降低了人力成本。顾客在观看直播时还可以直接点击网页链接转换至产品频道进行下单购买，节省了顾客切换屏幕的时间，提高了销售效率。

（三）实时互动，促成顾客及时购买

直播营销是以人为中心，实时互动的营销方式。在直播平台上，顾客可以通过关注、评论、分享等方式与主播互动，还可以邀请好友观看直播、进行线上下单。主播可以采取现场赠送小礼品，邀请顾客农场采摘体验等方式与顾客互动。这种互动能更好地带动销售气氛，通过及时回答顾客提问，消除顾客疑虑，也有利于提高顾客的及时购买率。主播与顾客之间的即时互动，增强了传播者的亲和力，顾客也由被动的接受者转变为主动的参与者，这种高卷入度的状态有效提升了信息的传播效果。此外，农产品有冲动购买的特性，适合做团购，在直播过程中，主播与受众、受众与受众之间的实时互动容易营造热闹的氛围，形成团购以产生即时大量的销售效果。

第二节　直播平台入驻

直播已经成为电商、社交、视频等各类线上平台的引流重点，产生了众多“直播+电商”的平台，有的是游戏直播平台，有的是教育培训直播平台，有的是唱歌直播平台，有的是旅游休闲直播平台等。其中与农产品直播关系紧密的平台有抖音、快手、淘宝等。

一、抖音直播功能的开通

抖音所属公司为北京字节跳动科技有限公司，和今日头条属于同一家公司，是一款可以发布短视频也可以直播的音乐创意短视频社交软件，该软件于 2016 年 9 月上线，是一个面向年轻人的音乐短视频/直播社区平台。用户可以通过该平台选择歌曲，拍摄音乐短视频，形成自己的作品，也可以进行直播。截至 2022 年 11 月 27 日，抖音用户数量为 8. 42 亿。

抖音在注册成功后即有直播权限，通过“创作者服务中心—已开通能力—开始直播—申请直播权限”进行申请。

开通后，点击首页底部“+”，滑动页面底部的拍摄模式至“直播”，点击“开启视频直播”即可，开通后可点击“开始直播”进行直播。

二、快手直播功能的开通

快手是北京快手科技有限公司旗下的产品。快手的前身叫

GIF快手，诞生于2011年3月，最初是一款用来制作、分享GIF图片的手机应用。2018年9月，快手宣布在未来3年投入价值5亿元的流量资源，助力500多个国家级贫困县优质特产的推广和销售，帮助当地农户脱贫。

打开快手主页，依次点击“设置—实验室—开通直播”即可开通。开通快手直播需要满足以下8个条件：完成绑定手机号；注册时间大于7天；观看视频时长达标；发布公开作品大于等于1个；作品违规率在要求范围之内；粉丝大于6个；满18岁；实名认证。满足这些条件即可成功打开直播权限。

三、淘宝直播功能的开通

淘宝直播是淘宝推出的直播平台，位于手机淘宝首页，定位于“消费类直播”，观众可边看边买，依托自身的流量以及基础客户优势，淘宝直播在电商直播领域排名领先，2019年，淘宝直播推出独立App。

淘宝直播的直播号分为2种，一种是店铺直播号，另一种是达人直播号，这2种直播号有非常大的区别，不管是直播的时间长短，还是对于直播上限的要求都是不一样的。

一般情况下，淘宝店铺选择店铺直播号，但是如果这家店铺是网红店铺，也可能就会选择达人直播号。因此，如果店铺比较普通，最好选择店铺直播号。

天猫商家申请开通淘宝直播App的条件为店铺微淘账号层级L1及以上的天猫商家同时具有运营通力。

淘宝商家申请淘宝直播的条件除了和天猫商家一样具有一定的微淘粉丝量外，还包括如下条件：店铺信用等级需为1钻及以上；主营类目在线商品数大于等于5，且近30天店铺销量大于等于3，90天内店铺成交额大于等于 1 000元；本自然年度店铺不存在售假行为；本自然年度未因发布违禁信息或假冒材质成分的严重违规行为。

第三节　直播产品策划

一、直播营销的设计步骤

直播营销的整体设计主要包括 5 个环节，新媒体团队需要对每个环节进行策划，一个环节一个步骤，用“五步法”设计直播营销，确保其完整性和有效性。

（一）整体思路

直播营销的第 1 个环节是整体思路。在做营销方案之前，企业新媒体团队必须先把整体思路理清，然后有目的、有针对性地策划与执行。刚接触直播营销的新手容易进入一个误区，认为“直播营销只不过是一场小活动而已，做好方案然后认真执行就够了”。实际上，如果没有整体思路的指导，直播营销很有可能只是好看、好玩而已，并没有达到企业的营销目的。

直播营销的整体思路设计，需要包括 3 部分，即目的分析、方式选择和策略组合。首先是目的分析。对企业而言，直播只是一种营销手段，因此企业直播营销不能只是简单的线上才艺表演或互联网游戏分享，而是需要综合产品特色、目标用户、营销目标，提炼出直播营销的目的。其次是方式选择。在确定直播目的后，企业新媒体团队需要在颜值营销、演员营销、稀有营销、利他营销等方式中，选择其中的一种或多种进行组合。最后是策略组合。方式选择完成后，企业需要对场景、产品、创意等模块进行组合，设计出最优的直播策略。

（二）策划筹备

直播营销的第 2 个环节是策划筹备。好的直播营销需要“兵马未动，粮草先行”。首先，将直播营销方案撰写完善；其次，在直播开始前将直播过程中用到的软硬件测试好，并尽可能降低失误率，防止因为筹备疏忽而引起不良的直播效果。

为了确保直播当天的人气，新媒体运营团队还需要提前进行预热宣传，鼓励粉丝提前进入直播间，静候直播开场。

(三) 直播执行

直播营销的第3个环节是直播执行。前期筹备是为了现场执行更流畅，因为从观众的角度，只能看到直播现场，无法感知前期的筹备。

为了达到已经设定好的直播营销目的，主持人及现场工作人员需要尽可能按照直播营销方案，将直播开场、直播互动、直播收尾等环节顺畅地推进，并确保直播顺利完成。

(四) 后期传播

直播营销的第4个环节是后期传播。直播结束并不意味着营销结束，新媒体运营团队需要将直播涉及的图片、文字、视频等，继续通过互联网传播，让其抵达未观看现场直播的粉丝，让直播效果最大化。

(五) 效果总结

直播营销的第5个环节是效果总结。直播后期传播完成后，新媒体团队需要进行复盘，一方面进行直播数据统计并与直播前的营销目的做比较，判断直播效果；另一方面组织团队讨论，提炼出本场直播的经验与教训，做好团队经验备份。

每一次直播营销结束后的总结与复盘，都可以作为新媒体团队的整体经验，为下一次直播营销提供优化依据或策划参考。

需要强调的是，直播营销的第4个环节“后期传播”与第5个环节“效果总结”虽然都是在现场直播结束后进行的，但是作为直播的组织者，必须在直播开始前就做好2个方面的准备。

第一，提前设计数据收集路径。如淘宝店流量来源设置、网站分销链接生成、微信公众号后台问卷设置等。

第二，提前安排统计人员。不少直播网站后台的数据分析功能不够细化，部分数据（如不同时间段的人气情况、不同环节下的互动情况等）需要人工统计，以便进行后续分析。

二、直播内容策划的流程

（一）选直播主题

你要做什么？要给用户呈现什么？用户会不会喜欢你的主题？简单来说，这就是选题。选择才艺直播还是教学直播？带货直播还是娱乐直播？选定了直播主题也就确定了直播的核心内容。那我们怎么确定直播主题呢？可以根据产品定位来决定。例如，卖农产品，直播主题可以是“绿色、健康、无污染的××食品”。

（二）定直播目标用户

不同用户有不同的爱好，不同群体的消费心理特点也不一样，这就导致受众喜欢不同的直播内容。

如一款电饭煲，年轻人在乎的是功能便捷、外形好看，直播主题需要突出外观和便捷性；而对于一些专注实用的人，直播主题则需要围绕材质的环保、米饭口感来写。所以，在直播内容策划时，一定要找准你的对象是哪一类人群，根据直播对象的爱好和心理特点，来策划符合她们兴趣爱好的直播内容。就如农产品直播，观看的对象一般是年龄比较大的，年轻人一般不会观看，年轻人对农产品直播还是缺乏兴趣的，那么针对这类年龄大的消费群体就要制定出能吸引他们的内容。

（三）定直播互动方式

不管是什么直播形式，直播互动都是直播内容的重要部分。

高质量的直播互动能有效提升直播间人气和转化。所以，我们可以通过直播互动方式来丰富直播内容。在直播前，我们要确定直播中用什么方式和观众互动。抽奖？发红包？还是送赠品？哪些互动方式能让直播内容更有趣？哪些带货话术能促进用户下单？这些都是直播内容策划所必须考虑的。

（四）定直播内容

根据产品策划直播内容，产品不同，营销方式也就不同，在直播的内容上一定要不同呈现。这里以一家茶叶店为例，这家茶叶店在直播中也按照不同受众展开了不同的内容直播。但是在内容上这家茶叶店似乎更胜一筹，为什么呢？因为这家茶叶店在内容上以百变取胜。如“妙用西湖龙井，重返18岁！”仅看这个标题，我们就会被吸引？

针对不同产品做直播时，需要从不同的角度去分析，然后巧妙做出一些花样百出的内容，吸引受众用户去观看、去购买。

如果不知道直播内容怎么定，就从你的产品入手。不同的产品有不同的营销方式，那么在直播内容上也会有所不同。例如，在直播间直播农产品，那么你的农产品对身体有什么益处呢？观众想追求什么样的益处呢？你有没有其他方式让用户有获得感、满足感？你是否能在介绍产品的同时，给用户分享一些不同的农产品对人的身体不同的好处呢？针对不同产品的作用，从不同的角度去分析，直播内容才能有针对性，直播才能留住用户，方便后续转化。

三、直播内容策划的技巧

要想做好一场直播，那就需要策划，如去一个地方做农产品直播，要提前2天准备好脚本，并且不断做内容优化。

（一）主题内容策划

根据粉丝关心的话题，比如节日、产品和品牌等做选择。中秋节、端午节等这些节日到来的时候，那就要迎合好这些节日，提前策划好自己产品的主题，然后在这个主题下可以进行一些活动，从而促进观众的购买欲。其中常见的主题有“双十一”“双十二”“520”等。

（二）产品内容策划

如聚划算活动、产品上新、店铺爆款。把对消费者的好处展现出来，想清楚吸引谁或者谁是我们的客户人群。从这种角度出发，直播的内容就是消费者群体关心的内容。没有吸引客户的点，客户很快就会走开，毕竟现在直播的人那么多。可以吸引消费者的东西一般都是对消费者有好处的东西。如在直播中买确实价格更优惠，或者是今天是新品上新的价格，或者是今天直播的内容对消费者有帮助的，听这场直播可以帮助他们学到一些东西。内容策划就是要从消费者角度出发，换位思考消费者喜欢什么、怎么和消费者互动，通过互动把普通听众变成粉丝，形成转化。

（三）增加互动玩法

互动来源于2种方式，一种是主播发起，另一种是消费者发起。无论是哪一种，主播直播时应关注信息传递在直播中是双向的，在传递相关农产品信息时也应注意消费者的关注点、兴趣点。可以利用以下方式增加互动。

（1）主播利用农产品的知识与消费者互动。城乡壁垒的存在，很多城市消费者对很多乡村里的东西并不了解，如动植物的生长过程，什么时候的水果才是应季的。主播在直播时可以利用这些有用的知识来引起消费者的兴趣，通过提问的方式增加双方的互动，同时告知消费者如何辨别好的农产品。

（2）主播利用消费者心理，熟练使用网络营销策略。如关注有礼、转发抽奖等形式吸引消费者的关注，增加消费者的兴趣和粉丝关注度。

(3) 关注消费者的提问，做到及时解答和回复。消费者的反馈在一定程度上代表着其打算购买的心理，但消费者仍想先进一步了解再做决定，此时，主播及时解答相当重要。

解疑、答疑不仅会让消费者觉得被重视，也可以让消费者更详细地了解所需的信息，从而增加对方的感知价值，促进购买意愿。

农产品主播，除了擅长利用以上方式进行互动外，主播还应合理地把控直播的节奏，控制直播时间。与消费者互动时，也应时刻记住展现农产品的特色。

(四) 直播节奏设置

什么时候直播、直播多长时间很重要。大家都觉得晚上8—10时直播好，但是要考虑直播群体是否合适。如直播群体是有年龄较小的孩子的妈妈，而妈妈在这段时间里一般都在哄孩子，而且这段时间大主播都在，可能这段时间就不适合直播。可以多个时间段测试一下，找到适合自己的店铺直播的黄金时间。时间确定好了以后，下次就固定时间直播，这样培养粉丝的习惯。

直播的时候还需要一些直播福利，如直播专属优惠券、送礼物、抽奖和免单等，带动粉丝互动和把控直播节奏。直播中货品构成也很重要，店铺货物构成中有引流产品、形象产品、搭配产品、利润产品和福利产品。引流产品知名度高、性价比高、需求量大，一般会是刚需产品，正常10%~20%就行。同类产品一般不超过3个，不然会给客户造成选择困扰。引流产品是店铺比较有竞争力的产品，利润款是直播主推的。

第四节　直播场景布置

一、选择直播场地

（一）直播场地的选择要求

直播场地的选择要符合以下要求。

1. 与直播内容相关

直播间是展现主播形象的窗口，而直播场地在某种程度上定位了直播内容。如果直播场地不符合直播内容，与直播内容无关，只会让人觉得突兀。如主播售卖农产品，最好直接去农田或果园，消费者在一目了然地看到农产品的同时也会觉得主播接地气，更容易对主播产生信任，继而产生购买的欲望。

2. 细致展现商品细节

除了主播和直播的内容等因素，那些能够细致展现商品细节，体现真实性的直播场地会在一定程度上提升用户对直播和商品的喜爱程度。例如，有的主播在售卖食品时喜欢把直播场地选在仓库，这固然不错，但如果主播能现场直播该食品的原材料取得、挑选、制作、打包和装箱的全过程，会更有说服力，更容易赢得信任。

3. 时常变换场地

主播要时常变换场地，因为每个人都有审美疲劳的时候，变换场地除了防止产生审美疲劳外，还能让人们从多个场景了解商品，增加对主播的信任度。

室内直播时，除了选择农产品的展示厅，还可以选择产品的分拣地、打包处或者其他场景。室外直播时，不能只停留在农产品的生长过程原始场景上，如直播种植、养殖、加工、采摘等产业链各个环节，还可以延伸到拍摄当地的人文及风水特色上。同时，结合消费者的好奇心对场景进行针对性的选择，打造具有新颖性和话题性的主题。线上售卖时也可以线下举办农产品采摘乐、农家乐等活动，增加收入渠道。在进行直播时，室内直播和室外直播交替进行，种植期拍摄室外，瓜果成熟时进行室内直播专场。直播前提前预告直播内容，吸引消费者。

4. 室内直播场地

室内直播场地要有良好的隔音效果，能够有效地避免杂音的干扰，同时要有较好的吸音效果，能够避免在直播中产生回音；光线效果要好，能够有效地提升主播和商品的美观度，降低商品的色差，提高直播画面的视觉效果；空间要充足，面积一般为10~40 米^2，如果需要展示一些体积较大的商品，如钢琴、冰箱、电视机等，还要注意空间的深度，确保能够完整地展示商品；若需要使用顶光灯，室内高度一般要控制在 2.3~2.5 米，给顶光灯留下足够的空间，避免顶光灯位置过低而导致顶光灯入镜，影响直播画面的美观度。

(二) 直播场地的规划

直播场地的范围可大可小，或者只是仓库的一个角落，或者是一个不大不小的直播间，或者是一个面积很大的场地，但不管面积大小，直播团队都要对直播场地做好规划。下面以仓库内水果直播为例，对直播场地规划要注意的事项进行具体分析。

仓库内水果直播场地规划一般是划分出 3 个区域，包括员工工作区、直播间、物流区。

(1) 员工工作区。员工工作区主要进行水果的上新和下架，审核确认订单信息，安排协调发货时间，进行售后服务的后续处理，以上工作都需要专业人员来完成，因此主播在直播时要预留出员工工作区。

（2）直播间。可以在水果仓库内划出一块区域用于直播，这样可以节省成本，还能展现出农产品的发货量大。除了主播外，旁边有人挑选、打包，准备发货。

（3）物流区。商品的物流速度快，售后服务有保障，可以提升用户对店铺的评价。因此，主播在直播中销售水果以后，要让工作人员尽快确认订单，把水果放在物流区，第一时间联系物流公司发货。

二、布置直播环境

（一）直播间环境的布置原则

直播间环境的布置，没有统一的硬性标准。主播可以根据自己的喜好进行设计与布置，但总体上还要遵守以下原则。

1. 直播间要干净、整洁

大部分农产品主播间，选择在农场、仓库或专门的直播间进行直播。无论选择何处作为直播间，首先要保证干净、整洁，一个脏乱的直播间会让很多人的好感瞬间消失。因此，在开播之前，主播首先要将直播间整理干净，各种物品要摆放整齐，创造一个干净、整洁的直播环境。

2. 根据直播内容定位直播间的整体风格

在布置直播间前，主搐要从直播的类型入手，明确这个直播间是作为展示才艺的直播间，还是作为电商带货的直播间，然后根据直播内容定位直播间的整体风格。

对于电商带货类直播来说，直播间则要突出营销的属性，可以用要销售的商品来装饰直播间。

3. 直播间的环境布置要与主播格调一致

这里所说的主播格调指的是主播的妆容、服装风格等。如果直播间内的环境布置能够与主播的妆容、服装风格保持一致，就能让直播画面在整体上看起来和谐、统一。

4. 利用配饰做适当的点缀

一些别具一格的配饰点缀可以增加直播间的活力，同时也可以让观众对主播有更多的了解，找到更多的话题。例如，农产品主播可以在置物架上放置一些水果盘、刀具、茶杯等。这样不仅能够增加直播间的活力，还能突出主播的品位和个性特征。在摆放配饰时，主播要合理安排配饰摆放的位置，切勿让直播间显得过于杂乱。

5. 背景布放置的距离要合适

如果想节约直播间装修成本或直播间装修达不到心理需求，这时可以尝试使用背景布。质量上乘的背景布配上合适的灯光，能够形成很好的立体效果，让直播间环境达到以假乱真的程度。需要注意的是，在直播间内使用背景布时，背景布与主播之间的距离一定要合适，若距离太近，会让人感觉背景对主播有一种压迫感；若距离太远，则会让背景显得不真实。

（二）直播间的灯光布置

在直播间的环境布置中，除了对直播间的背景、物品摆放有一定的要求外，直播间的灯光布置也非常重要，因为灯光不仅可以营造气氛，塑造视频画面风格，还能起到为主播美颜的作用。

按照光线造型作用来划分，可以将直播间内用到的灯光分为主光、辅助光、轮廓光、顶光和背景光。不同的灯光采用不同的摆放方式，其创造出来的光线效果也不同。

1. 主光

在直播视频中，主光是主导光源，它决定着画面的主调。同时，主光是照射主播外貌和形态的主要光线，是灯光美颜的第一步，可以让主播的脸部均匀受光。因此，在直播间布光时，只有确定了主光，才有必要添加辅助光、背景光和轮廓光等。

主光应该正对着主播的面部，与视频摄像头上的镜头光轴形成0°～15°的夹角。这样会使主播面部的光线充足、均匀，并使面部肌肤显得柔和、白皙。主光的灯位高度可以在鼻子下制造出对称的阴影，而不会在上嘴唇或者眼窝处制造太多阴影的位置。但是，由于主光是正面光源，不会在主播的脸上产生阴影，会让视频画面看上去比较平板，缺乏立体感。

2. 辅助光

辅助光是从主播侧面照射过来的光，对主光能够起到一定的辅助作用。使用辅助光能够增加主播整体形象的立体感，让主播的侧面轮廓更加突出。如从主播左前方45°方向照射过来的辅助光可以使主播的面部轮廓产生阴影，从而突出主播面部轮廓的立体感；从主播右后方45°方向照射过来的辅助光可以增强主播右后方轮廓的亮度，并与主播左前方方向的灯光形成反差，提高主播整体造型的立体感。

辅助光要放在距离主播两边较远的位置，让五官更立体的同时也能照亮周围大环境阴影。它距离主播比主光更远，所以只是照亮阴影而不是完全消除阴影。在调试辅助光时，需要注意光线亮度的调节，避免因某一侧的光线太亮而导致主播某些地方曝光过度，而其他地方光线太暗。

3. 轮廓光

轮廓光又称逆光，在主播的身后放置形成逆光效果。轮廓光能够明显地勾勒出主播的轮廓，将其从直播间的背景中分离出来，从而使主播的主体形象更加突出。

轮廓光具有很强的装饰作用，它能够在被摄物体的周边形成一条亮边，为被摄物体镶嵌一个光环，形成视觉上的美感效果。在布置轮廓光时，要注意调节光线的强度，如果轮廓光的光线过亮，就会让主播前方的画面显得昏暗。

4. 顶光

顶光是次于主光的光源，从主播的头顶位置进行照射，给背景和地面增加照明，能够让主播的颧骨、下巴、鼻子等部位的阴影拉长，让主播的面部产生浓重的投影感，有利于塑造主播的轮廓造型，同时能够强化主播的瘦脸效果。顶光的位置距离主播的头顶最好在 2 米以内。

5. 背景光

背景光又称环境光，是主播周围环境及背景的照明光线，其主要作用是烘托主体或者渲染气氛，可以使直播间的各点亮度都尽可能地和谐、统一。由于背景光最终呈现的是均匀的灯光效果，因此在布置背景光时要采取低亮度、多光源的方法。

三、准备直播设备

根据直播环境的不同，直播分为室内直播和户外直播 2 种，这 2 种直播所需的设备有所区别。

（一）室内直播设备

通常来说，室内直播所需要的设备主要有以下几种。

1. 单独的房间

做室内直播，首先需要有一个单独的、隔音效果好的房间，以免在直播中受到外界噪声的干扰，以致降低直播的质量。此外，主播还要对房间环境进行适当的布置和装饰，以提升直播画面的视觉效果。

2. 视频摄像头

视频摄像头是形成直播视频的基础设备，目前有带有固定支架的摄像头，也有软管式摄像头，还有可拆卸式摄像头。

带有固定支架的摄像头可以独立置于桌面，或者夹在计算机屏幕上，使用者可以转动摄像头的方向。这种摄像头的优势是比较稳定，有些带有固定支架的摄像头甚至自带防震动装置。

软管式摄像头带有一个能够随意变换、扭曲身形的软管支架。这种摄像头上的软管能够多角度自由调节，即使被扭成“S”“L”等形状后仍可以保持固定，可以让主播实现多角度的自由拍摄。

可拆卸式摄像头是指可以从底盘上拆卸下来的摄像头。单独的摄像头能够被内嵌、对接卡扣在底盘上，主播可以使用支架或其他工具将其固定在屏幕顶端或其他位置。

3. 耳机

耳机可以让主播在直播时能够听到自己的声音，从而能够很好地控制音调、分辨伴奏等。一般来说，入耳式耳机和头戴式耳机比较常见。大多数主播会选择使用入耳式耳机，因为这种耳机不仅可以减轻头上被夹的不适感，还比较美观。

4. 话筒

除了视频画面外，直播时的音质也直接影响着直播的质量，所以话筒的选择也非常重要。目前，话筒主要分为动圈话筒和电容话筒。

（1）动圈话筒。动圈话筒最大的特点是声音清晰，能够将高音真实地进行还原。动圈话筒又分为无线动圈话筒和有线动圈话筒，目前大多数的无线动圈话筒支持苹果及安卓系统。动圈话筒的不足之处在于其收集声音的饱满度较差。

（2）电容话筒。电容话筒的收音能力极强，音效饱满、圆润，让人听起来非常舒服，不会产生高音尖锐带来的突兀感。如果直播唱歌，就应该配置一个电容话筒。由于电容话筒的敏感性非常强，容易形成“喷麦”，因此使用时可以给其装上防喷罩。

5. 声卡

声卡是直播时使用的专业收音和声音增强设备，一台声卡可以连接 4 个设备，分别是电容话筒、伴奏用手机或 iPad、直播用手机和直播用耳机。

6. 灯光设备

为了调节直播环境中的光线效果，需要配置灯光设备。对于专业级直播来说，则需要配置专业的灯光组合，如柔光灯、无影灯、美颜灯等，以打造更加精致的直播画面。

7. 计算机和手机

计算机和手机可以用来查看直播间评论，与粉丝进行互动。主播也可以用手机上的摄像头来拍摄直播画面。若要直播计算机屏幕上的内容，可以使用 OBS 视频录制直播软件；若要直播手机屏幕上的内容，则可以在计算机上安装手机投屏软件，然后再进行直播。

8. 支架

支架用来放置摄像头、手机或话筒，它既能解放主播的双手，让其做一些动作，也能增加摄像头、手机、话筒的稳定性。

（二）户外直播设备

现在越来越多的主播选择到户外进行直播，以求给观众带来不一样的视觉体验。户外直播面对的环境更加复杂，需要配置的直播设备主要有以下几种。

1. 手机

手机是户外直播的首选，但不是每款手机都适合做户外直播。进行户外直播的手机，CPU 和摄像头配置要高，可以选用中高端配置的苹果或安卓手机，只有 CPU 性能够强，才能满足直播过程中的高编码要求，也能解决直播软件的兼容性问题。

2. 上网流量卡

网络是户外直播首先要解决的问题，因为它对直播画面的流畅程度有着非常直接的影响。如果网络状况较差，就会导致直播画面出现卡顿现象，甚至出现黑屏的情况，会严重影响观众的观看体验。因此，为了保证户外直播的流畅度，主播需要配置信号稳定、流量充足、网速快的上网流量卡。

3. 手持稳定器

在户外做直播，通常需要到处走动，一旦走动，镜头就会出现抖动，这样必定会影响观众的观看体验。虽然一些手机具有防抖功能，但是防抖效果毕竟有限，这时需要主播配置手持稳定器来保证拍摄效果和画面稳定。

4. 运动相机

在户外进行直播时，如果主播不满足于手机平淡的拍摄视角，就可以使用运动相机来拍摄。运动相机是一种便携式的小型防尘、防震、防水相机，体积小巧，佩戴方式多样，拥有广阔的拍摄视角，可以拍摄慢速镜头，主播可以在一些极限运动中使用运动相机进行拍摄。

5. 自拍杆

使用自拍杆能够有效避免大头画面的出现，让直播画面的呈现更加完整，更加具有空间感。

自拍杆的种类非常多，如带蓝牙的自拍杆，能够多角度自由翻转的自拍杆，以及带美颜补光灯的自拍杆等。就户外直播来说，带美颜补光灯的自拍杆和能够多角度自由翻转的自拍杆更受欢迎。

6. 移动电源

很多直播设备都是需要用电的，而户外直播不像室内直播那样充电方便，所以做户外直播需要配备移动电源，以便随时为直播设备补充电量，以保证直播的正常进行。

第五节　农产品直播技巧

一、直播说话技巧

在网络直播中，语言是主播思维的集中体现，与主播的外在形象相比，说话更能体验出修养和气质。说话是一门艺术，一位主播即使外在条件非常出众，但说话时如果语无伦次或者信口开河，观众也不会有观看其直播的兴趣。因此，要想成为一位优秀的主播，掌握一些话术是门必修课。

（一）直播主播说话的原则

要想成为一个被观众推崇的主播，最重要的是要有高情商。高情商的重要表现是会说话，让观众在观看直播、与主播互动的过程中感觉到主播的亲切与友善。

1. 主播的表现不能过于怯懦或强势

在网络直播中，主播和观众的互动主要体现在双方的对话上。在与观众对话的过程中，主播的表现不能过于怯懦或强势。

怯懦是指主播在与观众沟通对话的过程中，总是观众问一句，自己答一句，不会自己找话题占据主动；而强势是指主播自说自话，根本不关心也不在乎观众在说什么、想听什么，这 2 种都是比较极端的表现。

2. 要学会聆听观众的观点

主播与观众说话时，不仅要懂得如何去说，还要懂得如何去听。只有仔细聆听观众对自己意见的回馈或反应，才能确定观众有没有在听自己说话，以及观众是否真正明白自己说的话。此外，主播通过听也可以看出观众所关心、愿意讨论的话题。

3. 说话用词要得体

如果主播在说话时夸大其词，或者不看对象、词不达意，都会成为引发观众反感的导火索，因此主播说话用词一定要得体。

4. 语言表达方式要灵活

由于说话对象、说话目的和说话情境不同，语言的表达方式也不尽相同。主播与观众沟通时，要根据实际情况来灵活选择是直率地表达自己的观点，还是委婉地表达自己的意见。该直率时却不直率，该委婉时却不委婉，同样无法达到有效交流的效果。

5. 对观众的赞美和礼物要表示感谢

在直播过程中，观众经常会在评论区对主播表示赞美，或者向主播赠送礼物表示支持与肯定，这时主播都要及时地表示感谢。尤其是主播收到礼物后，无论礼物的数量与价值有多少，都要一视同仁，向赠送礼物的观众表达感谢。其实，在直播中不只是主播希望获得关注，观众同样也希望获得关注。观众在评论区活跃发言或者向主播赠送礼物，除了对主播表达赞赏和支持外，也希望在直播中获得参与感。主播对观众表达感谢，能够让其感觉自己是被尊重的，已经真正参与到与主播的互动交流中。

6. 把握好开玩笑的尺度

为了提升直播间的氛围，很多主播会在直播的过程中讲一些玩笑来引起观众兴趣。但是在开玩笑时，主播要注意说话的分寸，把握好尺度。

在直播过程中，主播既不能开一些低俗玩笑，也不能为了娱乐观众而拿别人的短处或痛处开玩笑，更不能为了逞口舌之快而谈论具有争议性的敏感性话题，主播很可能会因为谈论这些话题而被直播平台封号。

(二) 寻找有趣的沟通话题

在直播过程中，只要有话题，就能不断地与观众进行沟通。

主播可以通过以下方法寻找沟通的话题，以打破直播间冷场尴尬。

1. 寻找共同点

人们都喜欢和与自己有共同点的人谈话、交往，以此来寻求共鸣。因此，主播在与观众沟通的过程中，可以寻找双方的相似点，如共同的兴趣、地域、职业、经历等，这样有助于加深彼此的感情，拉近与观众之间的心理距离。

2. 用问题激发观众互动

提问是激发观众互动的有效手段。如主播可以询问观众所在的领域发生了哪些变化，遇到了什么问题等，然后从观众的回答中找出一些观众都比较感兴趣的话题再进行深入的沟通。

（三）农产品直播话术

主播平时可以积累一些直播话术，这对于直播来说很有帮助。

1. 农产品直播话术包含的因素

农产品直播话术当中应包含5个因素。

（1）讲明这是什么。可以从农产品的色泽、口感、营养成分、生长环境进行讲解，产品本身的这些东西，可以事先写好提示提纲，这样也就不会冷场。

（2）告诉用户产品在哪里。告诉用户产品在哪里，几号链接可以购买，直播的话术要简单、直接，让粉丝知道你想说什么，这个是很多新手主播都容易漏掉的问题，需要在直播间重复地讲下单的方式，并且要直观地演示给观众看，有条件双人直播时，助理就可以拿着手机一步一步教粉丝如何领优惠券、如何下单、如何付款等。

（3）要说清楚产品的适用范围。介绍产品时要讲明白哪些人适合用，介绍产品的一个使用人群，让粉丝更加了解你的同类产品之间的区别，如茶叶，有些产品自己吃，如果是送人，可能另外一款产品更加合适，这些要跟用户讲明白，我们把这种话术称为减少用户的选择成本。

（4）要告诉观众为什么要购买。在直播当中要清晰地告诉用户说，你为什么需要买这款产品，也就是要讲明白购买的理由，这时候的话术其实就是介绍产品的卖点和使用方式等。

（5）要讲清楚具体的价格。在直播当中，告诉观众什么时候有优惠券、如何领取、如何使用最划算、到手价是多少等，这样才能刺激观众的痛点，也就是喜欢便宜货的心理，去引发他们的购买欲望。

2. 农产品直播常用话术

使用直播的话术不一定会让观众购买自己的产品，但是却可以拉近与观众直接的距离感，从而促进观众消费。

（1）欢迎各位朋友来到我们的直播间。

（2）产品口感描述：甘甜脆嫩的口感，高蛋白的森林蔬菜，3 月份是吃笋的季节，在最好吃的时间，一定要尝个鲜（一个星期以后就会变老，口感不如现在，下周就不主推了）。

（3）根据自己需求去拍，人多可以拍大份，更实惠，人少可以拍小份，够吃也不浪费（体现亲和力、带入场景，也不要夸大描述）。

（4）物流方便，包邮到家，现挖现发不含添加剂。

（5）好吃不贵，价格实惠，所以直播间产品保证品质。

（6）想买的朋友直接下方购物车，链接直接下单，放心买放心拍，今天下单承诺 24~48 小时发货哦。

（7）售后到位，有破损先拍照然后直接找客服，替大家处理问题。

二、直播活动技巧

（一）开场技巧

1. 直白开场

可以在直播开场时，直接告诉观众直播相关信息，包括主持人自我介绍、主办公司简介、直播话题介绍、直播大约时长、本次直播流程等。一些吸引人的环节（如抽奖、彩蛋、发红包等）也可以在开场中提前介绍，促进观众留存。

2. 提出问题

开场提问是在一开始就制造参与感的好方法。一方面，开场提问可以引导观众思考与直播相关的问题；另一方面，开场提问也可以让主播更快地了解本次观众的基本情况，如观众所处地区、爱好、对于本次直播的期待等，便于在后续直播中随机应变。

3. 抛出数据

数据是最有说服力的。直播主持人可以将本次直播要素中的关键数据提前提炼出来，在开场时直接展示给观众，用数据说话。特别是专业性较强的直播活动，可以充分利用数据开场，第一时间令观众信服。

4. 故事开场

我们从小就爱听故事，直播间的观众也不例外。相对于比较枯燥的介绍、分析，故事更容易让不同年龄段、不同教育层次的观众产生兴趣。通过一个开场故事，带着听众进入直播所需场景，能更好地开展接下来的环节。

5. 道具开场

主持人可以根据直播的主题和内容，借助道具来辅助开场。开场道具包括企业产品、团队吉祥物、热门卡通人物、旗帜与标语、场景工具等。

6. 借助热点

上网的人，尤其是参与直播的观众，普遍对于互联网上的热门事件和热门词汇有所了解。直播开场时，主持人可以借助热点，拉近与观众之间的心理距离。

（二）互动技巧

直播活动中的互动，由发起和奖励2个要素组成。其中，发起方决定了互动的参与形式与玩法，奖励则直接影响互动的效果。横轴为发起轴、纵轴为奖励轴。由发起轴与奖励轴分隔出的4个象限，包含了直播互动的5类玩法。

1. 弹幕互动

弹幕，即大量以字幕弹出形式显示的评论，这些评论在屏幕上飘过，所有参与直播的观众都可以看到。传统的弹幕主要出现在游戏直播、户外直播等纯互联网直播中，目前已经有直播平台尝试参与电视直播，与体育比赛、文艺演出等合作，进行互联网直播及弹幕互动。

2. 参与剧情

这类互动多见于户外直播。主播可以邀请网友一起参与策划直播下一步的进展方式，增强观众的参与感。邀请观众参与剧情发展，可以使观众充分发挥创意，令直播更有趣。

3. 直播红包

直播间观众可以为主播或主办方赠送“跑车”“游艇”“玫瑰”等虚拟礼物，表示对其认可与喜爱；但此类赠送只是单向互动，其余观众无法参与。为了聚集人气，主播可以利用第三方平台进行红包发放或等价礼品发放，与更多的观众进行互动。

4. 发起任务

直播中，主播可以发起各种任务，邀请观众一起参与，常见的任务有建群快闪、占领留言区、晒出同步动作。

5. 礼物打赏

在直播过程中，出于对主播的喜爱，观众会进行礼物赠送或打赏，同时为维护企业形象，主播应在第一时间读出对方昵称、予以感谢。

(三) 收尾技巧

1. 销售转化

流量引导至销售平台，从收尾表现上看即引导进入官方网址或网店，促进购买与转化。通常留在直播间直到结束的观众，对直播都比较感兴趣。对于这部分网友，主播可以充当售前顾问的角色，在结尾时引导观众购买产品。不过需要注意的是，销售转化要有利他性，能够帮观众省钱或帮观众抢到供不应求的产品；否则，在直播结尾植入太过生硬的广告，只会引来观众的弹幕。

2. 引导关注

流量引导至自媒体平台，从收尾表现上看即引导关注自媒体账号。在直播结束时，主播可将企业的自媒体账号及关注方式告诉观众，以便直播后继续向本次观众传达企业信息。

3. 邀请报名

流量引导至粉丝平台，从收尾表现上看即告知粉丝平台加入方式，邀请报名。在同一场直播中积极互动的网友，通常比其他网友更同频，更容易与主播或主办单位“玩”起来，也更容易参加后续的直播。这类观众，可以在直播收尾时邀请入群，结束后通过运营该群，逐渐将直播观众转化成忠实粉丝。

第四章　短视频+农产品

第一节　短视频营销概述

一、短视频的概念和特点

（一）短视频的概念

短视频是相对于长视频来讲的，长视频播放时间长，用户黏度强，像影视剧、综艺节目视频等均属于长视频；短视频播放时间短，但数量繁多、内容丰富，能够产生较高的浏览页面数，加之当下智能手机的普及、碎片化时间，人们更喜欢在移动端看一些短视频。短视频的播放时间短、随播随看，内容的多元化恰好满足了用户的不同偏好，已经被用户接受并深受用户喜爱。

短视频是一种视频长度以秒计数，主要依托于移动智能终端实现快速拍摄与美化编辑，可在社交媒体平台上实时分享和无缝对接的一种新型视频形式。

（二）短视频的特点

与传统视频相比，短视频主要特点如下。

1. 结构短小，内容多样

短视频的时长一般在 15 秒到 5 分钟，由于时间有限，短视频展示出来的内容大多是精华，在开头的前 3 秒就要抓住用户的注意力。这也符合用户碎片化的阅读习惯，可以降低用户的时间成本。

短视频的表现形式是多元化的，有技能分享、幽默搞怪、时尚潮流、社会热点、街头采访、公益教育、广告创意、商业定制等内容，符合用户个性化和多元化的审美需求。

2. 拍摄门槛低，制作简单

短视频的制作门槛较低，实现了生产流程简单化，每个用户都可以使用一部手机来实现短视频的拍摄、制作、上传和分享。如今大多数短视频App自带滤镜和特效功能，且简单易学，使用门槛很低。

3. 传播迅速，交互性强

短视频的传播门槛低，传播渠道多样，很容易实现内容的裂变式传播。用户不仅可以在平台上发布自己制作的短视频，还可以观看、评论、点赞他人的短视频，形成较强的交互性和社交属性。

短视频平台除了通过自身平台转发和传播外，还可以与微博、微信等社交平台进行合作，将内容精彩的短视频通过流量庞大的微博、微信朋友圈、视频号等进行分享，进而形成更多流量，推动短视频的传播范围进一步扩大。

4. 观点鲜明，信息接受度高

在快节奏的生活方式下，大多数人在获取日常信息时追求“短平快”，而短视频信息开门见山、观点鲜明、内容集中，容易吸引用户，并被用户理解与接受，信息传达和接受度更高。

5. 指向性强，目标精准

与其他营销方式相比，短视频营销具有指向性优势，因为它可以准确地找到目标受众，实现精准营销。短视频平台通常会设置搜索框，对搜索引擎进行优化；而用户一般会在平台上搜索关键词，这一行为使得短视频营销更加精准。

二、农产品短视频营销的优势

农产品营销的方式越来越多，包括网络营销、服务营销、体验营销、病毒营销、整合营销及社交营销等。短视频营销属于网络营销，也是具有巨大潜力的营销方式之一。与其他营销方式相比，农产品短视频营销具有很大的优势。

（一）成本低

与传统广告营销的资金投入相比，短视频营销的成本算是比较低的，这也是农产品短视频营销的优势之一。成本低主要表现为制作的成本低、传播的成本低及维护的成本低。

短视频是否能够迅速传播，并不耗费太大的成本，关键在于如何打造短视频的内容，内容有没有真正击中受众的痛点和需求点。随着受众群体对短视频内容的要求不断提高，短视频的打造也慢慢开始向专业化、团队化发展。虽然制作短视频的门槛较低，但如果想要借助短视频的力量获得良好的营销效果，就必须以专业化团队的力量作为支撑，而且短视频营销也在逐渐向专业化的方向不断前进。

（二）互动性强

短视频营销很好地吸取了网络营销的优点——互动性强。几乎所有的短视频都可以进行单向、双向甚至多向的互动交流。对于农产品销售者而言，短视频的这种优势能够帮助农产品销售者获得顾客的反馈信息，从而更有针对性地对自身进行改进；对于顾客而言，他们可以通过与销售者发布的农产品短视频进行互动，从而对农产品的品牌进行传播，或者表达自己的意见和建议。这种互动性使得短视频能够快速地传播，还能使得农产品的营销效果实现有效提升。

（三）效果好

短视频是一种时长较短的图文影音结合体，因此短视频营销能够带给消费者图文、音频所不能提供的感官的冲击，这是一种更为立体、直观的感受。短视频能做到农产品的种植、加工、包装整个流程的可视化，消费者会更放心地作出选择。

短视频营销的效果比较显著，除了因为画面感强之外，还因为短视频可与电商、直播等平台结合，实现更加直接的盈利。消费者可以边看短视频，边购买产品，这是传统的电视广告所不能拥有的优势，因为一般消费者在观看了电视广告之后，不能实现快捷购物，一般都是通过电话购买、实体店购买及网上购买等方式来满足购物欲望，但在这些方式中，消费者都不可避免地会遇到一些问题，如在电话中无法很好地描述自己想购买的商品的特征、不想出门逛街购物等。因此，利用短视频进行营销时，要符合内容丰富、价值性强、具有观赏性等特点。

（四）传播速度快

短视频营销还拥有传播速度快、难以复制的优势，因为短视频营销本身就属于网络营销，所以短视频能够迅速地在网络上传播开来，再加上其时间短，适合现在快节奏的生活，因此更能赢得广大受众的青睐和欢迎。

此外，顾客在与短视频进行互动的过程中，不仅可以点赞、评论，还可以转发。一条包含精彩内容的短视频，如果能够引发广大用户的兴趣并被他们积极转发，那么就很有可能达到病毒式传播的效果。

（五）持续时间久

利用短视频进行营销的一个好处是它的存活时间比较久。这么说可能有点抽象，做个比较，如果想要利用电视广告持续向大众展示产品，就需要一直投入资金，一旦企业停止支付费用，就会遭到停播，而如果利用短视频进行营销的话，一时半刻不会因为费用的问题而停止传播，因此存活的时间久。这也和短视频打造的成本较低分不开，如快手、美拍、抖音上的短视频大多是用户自己制作并上传的，所以与费用的关系不大。

（六）数据效果可视化

短视频营销较传统营销有一个明显特点，就是可以对视频的传播范围及效果进行数据分析，如分析点赞量、关注量、评论量、分享量等。不管是哪一类短视频，都能直观地看到播放量、评论量等数据。运营者可以通过数据分析，分析行业竞争状况，掌握行业风向，调整并及时优化短视频内容，从而达到更好的营销效果。

第二节　短视频平台入驻

短视频是这个时代的风口和机会，在这样的环境下，众多以短视频为核心的企业进入该领域，形成了短视频的产业链，产生了众多“短视频+电商”的平台，其中与农产品营销关系紧密的平台是抖音、快手、淘宝3个平台。

一、抖音视频电商平台及入驻方法

下载抖音App，按要求注册就可以成为会员。如果要在抖音平台开通商品分享功能，需要达到粉丝量、发布视频数及实名认证的要求。

商品分享功能可为农村电商经营者带来以下收益：拥有个人主页电商橱窗；为自己发布的视频添加商品并售卖；在直播间中添加商品并售卖；拥有dou+（视频流量推广）功能，可以将自己发布的视频推广给更多的人。

橱窗开通后，点击个人主页头像下方的“我的电商橱窗”，然后点击页面右上角的“电商工具箱”，依次打开“商品橱窗管理—添加商品—淘宝商品”，粘贴橱窗商品淘口令就可以了。添加橱窗商品时需要注意，添加商品所属店铺的 DSR 数据要高于行业平均水平，或者高于 4.7 分；添加的商品要开通有效的淘宝客推广；商品标题不能包含非法词语。

二、快手视频电商平台及入驻方法

下载快手 App，按要求注册就可以成为会员。要想在快手中卖货，就需要开通“我的小店”功能，可直接打开“设置—实验室—我的小店”进行开通。

开通后返回设置，依次点击“我的小店—我的商品”，即可上传商品。上传的商品需要开通魔筷星选、有赞或淘宝，发货收款也可以利用这些平台来进行。

三、淘宝视频电商平台入驻方法

短视频和直播一直是淘宝平台努力发展的方向，2018 年 10 月，爱逛街改名为哇哦视频，成为淘宝短视频内容的核心阵地。位置在手机淘宝首页的第二屏，主要是网红热卖、红人买手、校园搭配师、品牌主理人、“90 后”模特、时尚博主真人种草、购后经验。

哇哦视频的入驻需要满足淘宝达人等级为 L3、L4、L5、L6，以及近 30 天视频发布数大于 4 条 2 个条件。等级是对淘宝达人优质内容生产、粉丝运营等能力及表现的综合评估，提升等级可以获得对应的等级权益和运营工具，得到更多商业化和流量奖励。

第三节　农产品短视频内容策划

一、短视频内容创作方法

很多爆款农产品短视频看似一夜爆火，其实背后没有那么简单，这样的短视频大多是在精准定位、选题策划的基础上，打造出了高质量的内容，满足了用户的观看需求。农产品短视频创作者要想打造高质量的内容，需要遵循以下创作方法。

（一）创作垂直化内容

如今短视频行业早已从之前的野蛮生长走向了精耕细作，用户更愿意为专业化、垂直化的内容买单，这就要求创作者确立垂直化的内容创作方向，专注于某一领域，持续深耕，提高账号的辨识度，输出不一样的内容，为用户提供有深度的信息，从而吸引该领域的目标用户。

专业化的内容更具生命力和吸引力，标题和文案写得再好，如果内容没有价值，依然难以留住用户。打造能给用户带来收获、快乐和感动的视频内容，需要创作者具备专业的知识和能力。人的精力和时间都是有限的，所以创作者应专注于某一个垂直细分领域，最好是自己深耕多年的领域，这样会有源源不断的素材，可以用较少的精力生产出专业、有价值的内容。

短视频的内容越垂直，就越容易引起特定用户的关注，而在垂直化内容的基础上加以深度挖掘，注重细节的体现，就可以保证用户的黏性，从而构建更为稳固的用户群体模式，最终获取经济效益。例如，农产品短视频中不仅要给人们带来美的视觉享受，还可以从农产品短视频的内容中获得一定的知识技能，满足自己对知识的渴求。

（二）坚持内容原创

随着短视频行业的发展，搬运类的短视频越来越难以获得用户的关注，也不会受到平台的推荐，蹭热点和模仿类的短视频可能会火一时，但获得长期且大量粉丝增长的可能性很小。短视频平台鼓励原创，会给原创内容分配更多的流量，因此原创内容才有未来，创作者必须大力提高短视频内容的原创度。这就要求创作的短视频要充满个性和创意，在内容上与众不同。

要想持续产出高质量的创意短视频，就要打造有创造力的团队，引进优秀人才，如编剧和策划，在拍摄前想出好的创意，并与短视频内容相融合。团队可以定期开选题会，一起进行头脑风暴，发散思维，串联起片段式的想法，形成新的创意，从而持续产出新的选题。团队还可以创建素材库，将平时收集到的创意素材储存到素材库中，当需要类似创意时，可以直接取用，进行创造性加工，从而完成最终的创意内容。

（三）为用户提供价值

现在短视频的内容越来越丰富，用户的欣赏品位也越来越高，他们只关注对自身有价值的短视频。因此，要想让短视频成为爆款，创作者就必须在短视频中为用户提供价值。

短视频的价值主要体现在以下几个方面。

1. 提供知识

人们需要不断地在生活和工作中吸收新的知识，学习新的方法，丰富自身的知识储备，提升自身的能力水平。当短视频可以为用户提供他们想要学习的知识时，自然会得到他们的认可，甚至成为其生活和工作中不可缺少的一部分。

短视频提供的知识要符合以下要求。

（1）实用，可以很快应用到生活和工作中，并获得良好的效果，比如打开核桃的小窍门。

(2) 专业，具有一定的深度，能够丰富用户的知识量，比如核桃加工为核桃油、枣夹核桃等。

(3) 易懂，讲解透彻，用户一看就能理解，而技能类知识可以让用户根据操作步骤或方法轻松上手实践，比如琥珀核桃的加工方法。

2. 提供娱乐

娱乐性的内容可以帮助用户缓解疲劳和压力，让人心情放松，这也是短视频能够为用户提供的重要价值。如今，很多垂直类账号在传播自身领域内容的同时，会或多或少地以娱乐化内容来展现，降低用户的接收门槛，让用户在轻松、愉悦的同时获取该领域的信息。

3. 提升用户的生活质量

人们在日常生活中会遇到各种问题，如果不解决这些问题，生活质量就可能会受到影响。如果短视频中的内容可以为用户提供解决方案，帮助其解决问题，提升用户的生活质量，那么用户就会认为短视频内容非常有价值，从而对短视频进行点赞和转发分享。

(四) 引发用户共鸣

短视频的内容往往会反映出创作者的价值观念，而这个观念是否能够与用户的观念趋于一致，是能否获得用户认同的重要影响因素。要想让短视频内容更好地打动用户，并使其产生共鸣，创作者可以在其中融入价值情感，使内容本身富有深意，从而引发用户的思考。

二、短视频内容创意方法

农产品短视频创作者要想持续生产优质内容，就要找到正确的内容创意方法，然后按照这些方法进行操作，这样才能做好短视频的持续运营。

（一）搬运法

搬运法是指从别的地方把一些自己认为不错的内容搬运过来作为视频素材进行二次创作，然后发布到自己的短视频账号上的一种方法。搬运法需要讲究技巧，不能直接照搬照抄他人的内容，而要对内容进行深加工和个性化创新。

1. 内容搬运的渠道

短视频内容搬运的渠道通常有以下 3 种。

（1）社交媒体。各大社交媒体是成熟的内容制作平台，如微信公众号、百家号上的图文信息，以及微博里的热搜信息，今日头条、抖音、快手里的各种短视频等，都可以作为搬运的内容。短视频创作者要善于在社交媒体上发现有创意的内容，并将其应用到自己的短视频创作中。

（2）视频网站经典影视剧。优酷、爱奇艺、腾讯视频等视频网站平台有很多经典的影视剧都非常吸引人，短视频创作者可以重新演绎这些经典影视剧中的片段，也可以重新剪辑某些经典镜头，从而创作出非常精彩的短视频作品。

（3）关注名人。名人本身自带巨大的流量，其一言一行都容易成为热点。借助名人效应，短视频创作者也可以创作出令人瞩目的短视频内容。

2. 对内容进行创新加工

短视频创作者时刻都要明白“搬运≠照抄”。对搬运的内容进行创新加工，赋予其自身特色，就可以让其焕发出新的光彩。在对搬运内容进行创新加工时，可以采用以下 3 种方法。

（1）创新展现形式。创新展现形式是指改变原来内容的展现形式。例如，如果搬运的内容是纯文字的，那么在进行视频展现时，可以把纯文字的内容转换为人物的台词，使用方言、说唱等人物表演的形式来展现。

（2）创新内容。创新内容就是对搬运的内容进行加工改造。例如，如果搬运的内容是讲解道理的，就可以通过视频把这个道理讲成一个故事，这样用有剧情的故事来呈现比单纯地讲道理更能引起用户的情感共鸣。

（3）创新框架结构。创新框架结构也是一种对搬运内容进行创新加工的方法。例如，如果搬运的内容有一个大的框架，就可以把这个大的框架分成几个小板块。

（二）模仿法

在短视频平台中，一个常态化的现象就是一旦某个题材的视频爆火之后，就会有很多人竞相模仿，分享这个题材带来的热度，这就是模仿法。短视频创作新手由于创意有限，还不具备创作原创内容的能力，所以可以通过模仿来积累创作经验。通过模仿甚至可以创作出比原视频更具创意的短视频，这是一种帮助短视频创作者快速找到内容创意方向、实现快速引流的有效方法。模仿法又分为随机模仿和系统模仿。

1. 随机模仿

随机模仿是指短视频创作者发现哪条短视频比较火爆，就参考该条短视频拍摄同类型的短视频。

2. 系统模仿

系统模仿是指短视频创作者寻找一个与自己短视频账号运营定位相似的账号，对其进行长期的跟踪与模仿。短视频创作者要先分析该账号中短视频的选题方向、拍摄手法、运营策略等，然后将其运用到自己的短视频创作中，进行模仿拍摄。在模仿时，短视频创作者可以加入一些新的创意，从而形成自己的风格。

（三）扩展法

扩展法是指运用发散思维，由一个中心点向外扩散、不断延展内容的方法。扩展法又可以分为以下 3 个层次。

1. 人物扩展

运用扩展法首先要进行人物扩展。拿一张白纸，先画一个正方形，再将其分割成九宫格，然后将核心关键词写在正中间的格子内。将与核心关键词相关的联想任意写在旁边的 8 个格子内，尽量用直觉思考，不用刻意寻求正确答案。尽量扩充 8 个格子的内容，鼓励反复思考、自我辩证，可以修改先前写下的内容。

2. 场景扩展

罗列出人物扩展关系以后，下一步要围绕人物扩展关系进行场景扩展，这样角色之间的冲突关系就会在每一个场景里都体现出来。短视频创作者可以扩展出多段对话，为短视频内容创意提供参考。这种方法能够持续不断地扩展出符合现实场景的多种内容创意思路。

3. 事件扩展

有了人物和场景以后，还需要构思事件，进行事件扩展。选取种植技术员和农民学员这组人物，选择葡萄园这个场景，可以扩展出若干个事件，如种植技术员正在教农民学员整形修剪。有了具体的事件以后，就可以根据事件编写出对话和动作，作为情景短剧进行演绎。

（四）五步创意法

五步创意法，顾名思义就是需要用 5 个步骤来完成创意内容，具体如下。

步骤一：收集原始资料。原始资料分为一般资料和特定资料。一般资料是指人们日常生活中所见所闻的令人感兴趣的主题事实；特定资料是与主题有关的各种资料。短视频创作者所需要素大多从这些资料中获得，因此要获得有效的、理想的创意，原始资料必须丰富。

步骤二：内心消化。思考和检查原始资料，对所收集的资料进行理解性的吸收。

步骤三：放松自己。在这一阶段，短视频创作者尽量不要去思考有关问题，一切顺其自然。简而言之，就是将问题置于潜意识之中。

步骤四：产生创意。如果短视频创作者认真完成了上述 3 个步骤，那么灵感会自然而然地出现。换言之，创意往往是在竭尽心力、停止有意识的思考后，经过一段停止搜寻的休息与放松后出现的。

步骤五：修正创意。一个新的构想不一定很成熟、很完善，它通常需要经过加工或改造才能符合现实情况。

（五）嵌套法

嵌套法就是在故事里套故事、在场景里套场景，使视频内容更丰富有趣、信息量更大。具体来说，嵌套法的应用方法如下：制作一个故事脚本；制作另一个故事脚本；通过一个嵌入点，把第二个故事脚本嵌入第一个故事脚本；如此循环往复。

短视频创作者在生活中要注意观察，积累短视频创作素材，如果在媒体平台中看到有趣的素材，但是这个素材又太短，不足以拍成一个完整的短视频，就可以运用嵌套法，把素材嵌入已有的故事，让视频内容更丰富有趣、信息量更大。

利用嵌套法，短视频的信息量就会增加，表达就会更具戏剧性，更能引发用户观看的兴趣。因此，合理利用嵌套法对提升短视频的内容创作质量大有裨益。

第四节　短视频制作方法

一、拍摄视频需要的工具

（一）手机

如今手机的拍摄功能越来越强大了，足以应付一般性的视频拍摄工作，很多人一边做主播，一边为网店宣传产品，取得了不错的成绩。也有一些店家干脆亲自上阵，直接用手机录制视频，然后上传到店铺中。

（二）单反相机/录影机

尽管手机能拍出效果不错的视频，但是手机的拍摄功能毕竟有限，要想让视频的点击率更高，传播度更广，还是应该配备一台合适的单反相机，或者是专业的录影机。

（三）三脚架

三脚架的作用是固定相机，以免因镜头抖动影响画面质量。在选择三脚架时，建议选择带有伸缩支架和云台的品类，以便提升拍摄角度，同时也可以支持手机拍摄。

（四）专业的摄影灯

摄影灯的主要作用是补光。摄影对光线的要求较高，很多时候，必须依靠摄影灯提供的辅助光源，否则很难拍出想要的效果。

摄影灯一般需要 3 盏，分别是主光灯、辅光灯、背光灯。主光灯负责照亮产品和产品周围；辅光灯稍弱，多用于填充阴影区域，以便形成景深和层次感；背光灯的作用是照亮背景，塑造产品的轮廓。

（五）背景道具

在拍摄视频时，背景是非常重要的，通常人们会选择背景布或者背景纸，以便烘托商品的拍摄效果，避免背景出现色差。

（六）其他工具

除了上述工具以外，摄影常用的工具还有很多，如挡光板、柔光布、柔光箱、滤色纸、静物台、话筒等。

二、农产品的拍摄技巧

（一）农产品拍摄的前期准备

拍摄好农产品，需要提前做好产品挑选、明确拍摄重点和选取拍摄时间等的准备。

1. 做好产品挑选和清洁

大多数散种散养的农产品都会存在质量参差不齐的问题，所以在拍摄之前，需要进行精细的挑选，选出品相较好、颜色艳丽、新鲜度较高的产品作为拍摄对象。

在拍摄过程中，如果不是追求记录写实风，那么为了让产品看起来更加靓丽、新鲜、可口，拍摄前还需要将产品一一洗净，减少产品表面附着的灰尘或瑕疵。

2. 明确想要展示的产品特色

确定你所想要表达的产品本身的卖点或特点。就农产品来说，安全的生长环境、新鲜度、色泽、口感等产品本身的特点都是可以展示的，具体情况医产品而定。

以荔枝为例，荔枝的个头大、汁多等特色就可以通过视频展示出来，那么在拍摄的过程就可以侧重展现这一特点。

3. 挑选光线良好的拍摄时间

一般以晴天的上午为宜。拍照的时候最好不要逆光，即不要对着太阳或者室内光源照过来的方向拍摄。顺着光线的角度去拍摄，拍摄主体才会有更好的表现。

(二) 农产品拍摄的过程

1. 背景要简洁

从样式上看，拍摄对象的背景要简洁。背景过于杂乱会很难突出要拍摄的产品，即便是要结合道具也要追求简单和谐，防止喧宾夺主。切记不要直接将产品直接放在灰暗的地板上拍摄，可以多选择草地之类的背景，营造出绿色、干净的感觉。

2. 背景颜色要合适

从颜色上看，可以使用素色或者的和谐的艳色背景。素色背景的优点是能让被摄体非常清晰并突出。它不仅减弱了背景的距离感，还增大了画面的景深。另外，如果想要突出被摄体的颜色，那么可以选择多白色或淡色的背景。

如果使用艳色背景，就要注意被摄体与背景的颜色是否搭配。选择的背景可以与反差特别大的颜色形成对比色，要么选择同一色系的相近色以避免违和感。

3. 适当拍摄生产场景

从场景上看，可以选取单一的产品背景，也可以和生产场景相结合。生产过程的视频可以说是产品品质的直接说明，也是最能体现情感价值的部分。如直接拍摄产品在田地的生产情况，更加具有真实感。

4. 产品与人物有互动

从内容上看，产品可以和人物相结合，与人物产生一定的互动，通过真实人物的存在增加产品的点击率。

如果想要你的农产品在宣传过程中更加突出，形成一定的视觉冲击力，那么拍摄前期的准备工作一定要充分，从细节入手，找到适合自己农产品的拍摄特色，从而让消费者在购买过程中耳目一新。

三、短视频后期编辑工具

短视频的后期编辑处理要用到编辑工具，利用它们可以对拍摄的短视频进行剪辑，添加转场、字幕、特效等，凸显短视频的专业性和艺术性。下面介绍几种常用的短视频后期编辑工具。

（一）万兴神剪手

万兴神剪手是一款功能十分强大的视频编辑软件，其界面简洁美观、操作简单易用，拥有强大的视频剪辑处理功能，可以帮助用户轻松进行视频的剪辑工作。软件集视频剪辑、格式转换、屏幕录制等多重功能于一体。

软件内置多种滤镜效果、贴图蒙版、海量文本、字幕、片头标题特效以及丰富的精美动态贴图效果，将这些特效添加到视频中，可以让视频更具有创意，更加炫酷，以制作出各种高质量的视频作品。

此外，软件还提供去除噪声、超高清 4K 视频剪辑、视频变速、逐帧预览、高级色彩编辑引擎等大量的实用功能，是一款不可多得的视频编辑软件。

（二）拍大师

拍大师是一款功能专业且简单易用的屏幕/游戏录制、视频编辑工具，可以轻松录制 1 080 P 超清流畅视频。各种游戏录像、电影电视、街拍实拍、段子，都可以通过拍大师进行快速剪辑、配音解说、变声变调、加背景音乐、加字幕、加画中画、变速、调色等编辑。软件自带多种炫酷转场动画、GIF 动图、片头、音效、唯美滤镜、动态文字等特效，作品支持快速导出并上传到各短视频平台。

（三）爱剪辑

爱剪辑是一款简单实用、功能强大的视频剪辑软件，用户利用它可自由地拼接和剪辑视频，其创新的人性化界面是根据用户的使用习惯、功能需求与审美特点进行设计的。爱剪辑拥有为视频添加字幕、调色、添加相框等齐全的剪辑功能，且具有诸多创新功能和影院级特效。

(四) 快剪辑

快剪辑是360旗下的一款功能齐全、操作简单、可以边看边编辑的视频剪辑工具，既有PC端快剪辑，也有移动端快剪辑。快剪辑是抖音、快手、哔哩哔哩、微信朋友圈等平台用户强烈推荐的一款视频剪辑软件，无论是刚入门的新手，还是视频剪辑专家，快剪辑都能帮助用户快速制作出爆款的短视频作品。

(五) 巧影

巧影作为一款功能全面的短视频处理App，适用于安卓系统、谷歌Chrome OS系统、iOS系统，支持多个视频、图片、音频、文字、效果等视频/音频层，同时拥有精准编辑、一键抠图、多层视频、多层混音、潮流素材、关键帧动画、多倍变速、多种屏幕尺寸、超高分辨率输出等功能，用户使用起来十分简便。

(六) 会声会影

会声会影是一款功能强大的视频编辑软件，具有图像抓取和编辑功能，并提供了超过100多种的编辑功能与效果，可导出多种常见的视频格式，甚至可以直接制作成DVD和VCD光盘。

会声会影主要的特点是操作简单，适合家庭日常使用，可提供完整的影片编辑流程解决方案，实现从拍摄到分享，处理速度加倍。

(七) 剪映

剪映是抖音官方推出的一款移动端视频编辑App，它具有强大的视频剪辑功能，支持视频变速与倒放，用户可以利用它在视频中添加音频、识别字幕、添加贴纸、应用滤镜、使用美颜等，而且它提供了非常丰富的曲库和贴纸资源等。即使是视频制作的初学者，也能利用这款工具制作出自己心仪的视频作品。

第五节　短视频运营方法

随着智能手机的普及，刷短视频成为人们一种新的生活方式。而新时代的农民，并没有在这个浪潮中落后，不少新农民立足于质朴的内容、有趣的劳作场景、充满原生态的田园风貌，在短视频平台上一拍成名，迅速积聚了人气，成为短视频红人。走红之后，他们就享受到了丰厚的销售红利。农村电商相关的短视频运营方法可以从以下几点入手。

一、策划好短视频内容

（一）巧扣热点做好内容策划

什么样的内容观众感兴趣？虽然不同的人有不同的兴趣点，但也有共性，那就是对热点的关注。短视频等的创作，就可以围绕热点展开。一些原产地的名优特产，如果能用短视频的形式，结合时下热点，展示新农民的新面貌，这样的内容是非常吸引人的。

（二）内容体现新农村新风貌

农村现在到底怎么样？这是很多城市人最感兴趣的。在乡村振兴的大背景下，农村正在发生着翻天覆地的变化。用短视频来展示新农村新风貌，是一种很好的营销。好山好水才能出好的农产品，只有充分亮出新农村的新名片，才能吸引消费者关注这片土地上出产的优质农产品。新农村的新风貌，可以是农村的人文、农村的田园风光，也可以是农民的精神风貌和农家趣事。

新农村生活的点点滴滴，都是好的短视频素材，都能够对农产品的营销起到很好的促进作用。

（三）乡情就是日常生活

乡情就是日常生活。短视频里，除了直观展示乡村场景，还可以表现乡情。乡情可以为农产品的营销打下很好的情感基础。

（四）简洁化、场景化

不同于其他构图精美、镜头质感十足的电影电视作品，农村电商创作者的短视频大多呈现的是简单甚至粗糙的视觉画面，没有精细的剪辑技巧，也没有背景音乐加以渲染衬托。他们用同期声画面呈现出乡村生活的常态，增加了受众的情景代入感和主观体验感。

（五）突出农产品优势直接表现

短视频的最大优势是生动直观，一目了然。因此，用短视频来进行农产品营销非常合适。那么，怎样拍摄才能打动观众的心，激起他们的购买欲望？下面以水果为例。

第一，新鲜。产地直销，现买现摘。拍摄水果类短视频可展示果园全景和摘果子的镜头。

第二，好看。很多人吃过水果，但没有见过果实挂满枝头的情景，拍摄可以用近景、中景展示果实挂满枝头的情景。

第三，好吃。好吃是水果最重要、最吸引人的亮点，可以展示现摘水果、当场试吃的情景，对于水果的打开过程用近景展示，表现其多汁的果肉。镜头的冲击力能大大激发观众的购买欲望。

第四，物流保证。新鲜的农产品能快速到达购买者手中非常重要，要有充分的物流保证才能让观众坚定购买的决心。短视频中只要能充分展示农产品的优势特色，并且能保证又快又好地让购买者收到，这样的短视频营销往往能取得不俗的销售成绩。

二、设置好短视频标题

优秀的标题是整个视频的点睛之笔，也是整个视频创意的凝聚点。短视频标题核心的 2 个作用，一是让观众有观看的冲动，标题内容精简、描述完整，或留下问题都可以帮助观众提高对视频的理解；二是让平台推荐到精准客户，很多短视频平台的推荐机制是“机器审核+人工审核”，因此，标题中领域精准词汇越高，获得的精准推荐也会越多。

农村电商运营者可以运用表达感恩的形式，可以用辛苦求赞求关注的形式，可以用表达敬佩的形式，或者用添加热门话题标签、@好友或者抖音小助手等方法，加大内容被曝光的机会。

三、选取好短视频封面

短视频封面一般起着视频预告、补充标题的作用，可以传达文字无法描绘的画面感。一般情况下，短视频将内容核心如场景、事件现场、人物、事件主体作为封面使用。

（一）封面要清晰明亮，凸显情节

短视频封面要尽可能清晰明亮，如果太模糊或太昏暗，会给人粗制滥造的感觉，影响消费者体验。有人物元素，封面要凸显故事情节，可以使用突出故事的高潮部分作为短视频的封面。对于很多直接卖货引流的账号，如美食类，一定要突出刺激点，可以直接截图各色美食的动态图片作为封面，直接放出清晰、诱人的大图刺激观众的眼球和味蕾，以增加播放量和转化量。

（二）排版要层次分明，布局合理

封面的排版和布局要层次分明，不要与视频的其他元素相互阻挡。农产品的短视频封面最好使用固定风格，以加深观众的印象，制作也省心，如封面放视频主角或者品牌元素形象，增强观众注意力。字体一定要大，一般使用24号字体，字数控制在10个字以内，粗体或者描边，居中显示。

（三）运用动态贴纸元素，提升视频理解

短视频封面运用动态图片或者贴纸，可以丰富画面效果，渲染环境氛围，增强核心观点的可视性，帮助观众捕捉内容亮点，也可以对视频中的商品、互动信息操作进行引导强化。

四、配置好短视频背景音乐

对于一个视频来说，听觉感知是非常重要的一环。在短视频中，创作者通过人声讲解内容、建立人设，同时通过音乐带动内容、唤起情绪。创作者首先要把握视频的内容，根据内容选择最合适的音乐，现有音乐多是围绕场景标签归类（如轻松、抒情）的，匹配精准度有限。为保证准确性，可以综合乐理知识找到节奏、旋律、和声3个可量化的特征进行相似匹配。

对于热门音乐，创作者可通过监测音乐的发布时间和使用人数，实时更新热度正在飙升的背景音乐（包含段子配音等），越早使用具有热门潜质的背景音乐，越有可能获得流量曝光和推荐。有音乐天赋的人还可以制作原声音乐。

第五章　包装仓储与营销

第一节　农产品包装

农产品包装是农产品电商的重要条件。粮食、肉类、蛋类、水果、茶叶、蜂蜜等农产品，不加包装很难运输、储存、保管和销售。农产品品牌通过包装设计，激发消费者的购买欲望，提高农产品市场竞争力，是农产品营销者必须高度重视的问题。

一、农产品包装的含义和功能

（一）农产品包装的含义

农产品包装是指对农产品实施装箱、装盒、装袋、包裹、捆扎等，也指采用适当的包装材料、容器和包装技术，将农产品包裹起来，以使农产品在运输和仓储过程中保持其价值和原有状态的包装材料及包装技术活动。

（二）农产品包装的功能

1. 保护功能

农产品包装主要在于最大限度地保护包装对象的寿命和品质，防止天然因素的破坏．以保护其内容、形态、品质和特性。包括：防止农产品破坏变形；防止异物混入污染产品；防止农产品发生化学变化；防止有害生物对农产品产生影响。

2. 方便功能

农产品包装作为农产品物流的起点，主要的功能是方便物流的其他环节如装卸、搬运、储存和运输，能提高仓库的利用率，提高运输工具的装载能力，同时方便商场的陈列销售，也方便消费者携带、取用和消费。

3. 销售功能

在农产品质量相同的条件下，精致、美观、大方的包装可以激发消费者的购买欲望和购买动机，从而产生购买行为。

二、农产品的包装设计理论

（一）农产品包装设计的定义

农产品包装设计即在品牌定位的基础上，根据目标消费群的消费心理以及消费行为模式等相关要素，有针对性地选用合适的包装材料，运用巧妙的工艺制作手段，为农产品进行结构造型和包装的美化装饰设计，目的是提高产品销量与品牌的推广。

如以三只松鼠为代表的互联网食品品牌，在包装设计上，它们突破了传统农产品品牌设计上的土气笨拙，也一改颜色上的大红大绿，而是以鲜明亮丽的品牌设计，精准地抓住了“80后”“90后”“00后”的消费心理，借助电商这一传播和销售渠道，实现了超常规增长。

（二）农产品包装设计的内容

农产品包装设计的内容包括商标或品牌的标记、包装图案、包装材料、产品标签（产地、商品名称、成分、品质、数量、使用方法、用量、生产日期、有效期）、包装标志（包装外部印制的图形、文字和数字）等。

农产品包装是特定品种、数量、规格、用途等的包装，充分体现产品特性及包装要求是做好农产品包装的基本条件。每个包装单位的大小、轻重、材料、方式等，应按照目标顾客需求、包装原则、包装技术要求进行，以达到减少损耗、便于运输、美化商品、便于消费者识别选购的目的。

(三) 农产品包装设计的原则

包装设计的原则是科学、经济、可靠、美观。

1. 科学性原则

科学性原则是指包装设计必须首先考虑包装的功能，达到保护产品、提供方便和扩大销售的目的，既要符合人们日常生产与生活的需要，还要符合广大群众健康的审美观和风俗爱好。包装设计绝不能是华而不实的形式主义产物，也不能单纯地强调销售、审美的功能而给人的健康、工业生产和社会生活带来不利的影响。

2. 经济性原则

经济性原则要求包装设计符合现代先进的工业生产水平，做到以最少的财力、物力、人力和时间来获得最大的经济效果。这就要求我们的包装设计有利于机械化的大批量生产，有利于自动化的操作和管理，有利于降低材料消耗和节约能源，有利于提高工作效率，有利于保护产品、方便运输、扩大销售、使用维修、储存堆垛等。

3. 可靠性原则

可靠性原则要求包装设计保护产品可靠，不能使产品在各种流通环节上损坏、污染或被偷窃。这就要求我们对被包装物进行科学的分析，采用合理的包装方法和材料，并进行可靠的结构设计，甚至要进行一些特殊的处理，如集装箱的底部木板就必须进行特殊的杀菌、杀虫处理等。

4. 美观性原则

美观性原则是广大群众的共同要求。包装设计必须在功能和技术允许的条件下，为被包装的产品创造出生动、完美、健康、和谐的造型设计，从而激发人们的购买欲望，美化人们的生活，培养人们健康、高尚的审美情趣。

科学、经济、可靠、美观四者是密切相关的，不能忽视其中的任何一方。在提高包装设计的科学、可靠功能时，不能忘记包装设计的经济性；在提高包装设计的经济性时，又不能单纯地追求利润价值，而要考虑到包装对人们生活各个环节所带来的影响，如对环境和对人们心理所造成的影响等；在考虑美观性时，除了使包装服从包装功能的需要外，还要照顾到群众现有的欣赏水平、习俗爱好以及禁忌色彩。只有四者有机地结合，才能使包装在各个方面都表现出富有创造性的设计思想。

(四) 农产品包装设计的要求

1. 运输包装设计

运输包装的主要功能是保护农产品在流通中安全、快速、高效地到达消费者手中。

农产品运输包装基本要求如下。

(1) 根据产品的物理特性和化学特性选择适当的包装材料和方法，保证在运输中不损坏、不变质、不渗漏。

(2) 采用体积小、重量轻的包装材料，注重包装重量。

(3) 力求包装标准化和规格化，以方便运输和装卸，节约运费。

(4) 运输包装要求有简单醒目的标志，使产品能安全准确地运达目的地，同时要努力节约包装材料，降低包装成本。

多层瓦楞纸箱、热收缩膜包装、真空包装、防震袋包裹、泡沫箱等都是非常必要的包装形式。生鲜食品对包装的要求特别高，在配送过程中一般需要低温或者冷冻处理。如天天果园、本来生活网和顺丰优选等电商平台选择白色泡沫箱包装，并在内部放置充气塑料包和冰袋等。

2. 销售包装设计

销售包装的功能主要是美化和宣传产品，便于陈列和消费者选购、携带、使用，提高产品价值。

农产品销售包装的基本要求如下。

(1) 包装造型美观大方，图案生动形象，具有强烈的美学效果，避免与竞争者同类产品的包装雷同，要采用新材料、新图案和新形状，引人注目。

(2) 产品包装应与产品的价值或质量水平相配合，根据产品品位、单位产品的价值及消费者的购买要求确定包装的档次。

(3) 包装要显示出产品的特点和独特风格，最好能够直接向消费者展示，如选择透明的包装材料、开天窗式包装或在包装上印有彩色图片。

(4) 包装设计要求能增加消费者的信任感并指导消费。

(5) 包装设计要适应不同民族、不同地域的风俗习惯、价值观念和心理上的需要。

(6) 包装的造型和结构应考虑使用、保管和携带方便。

由于农产品具有很强的地域性特征，结合产地的竹、木、棉、麻等特色材料也很重要，将其加工运用于销售包装中，既能减少成本，还能使农产品具有原生态韵味。

三、农产品的包装策略

在农产品的包装上，选择不同的包装策略将收到不同的包装效果。

(一) 突出农产品形象的包装策略

突出农产品形象的包装策略是指在包装上通过多种表现方式突出该农产品是什么、有什么功能、内部成分、结构如何等，着重于展示农产品的直观形象。

从传统渠道走向电子商务平台的农产品，面对更加时尚的年轻消费群体，在包装设计上需要依据他们的喜好，结合自己产品的特点寻求趣味性的包装设计来突破。如草莓包装盒被设计成镂空的，这种包装通过在包装上再现产品品质、功能、色彩、美感等，以产品本身的魅力吸引消费者，缩短选择的过程。

另外，现代人追求亲近自然，尤其喜欢原生态意境，因此可以将农产品打造成有故事的“文化人”，彰显特色农产品的鲜明地域特点，在形象塑造上注重地域特色和文化的挖掘。

（二）突出农产品用途和使用方法的包装策略

突出农产品用途和使用方法的包装策略是指通过包装的文字、图形及其组合告诉消费者，该农产品是什么样的产品，有什么特别之处，在哪种场合使用，如何使用最佳，使用后的效果是什么。这种包装给人们简明易懂的启示，让人一看就懂，一用就会，并有知识性和趣味性，比较受消费者欢迎。如一些冬虫夏草经营者，不仅把营养含量写在包装上，介绍产品的相关作用，还对冬虫夏草的食用方法进行了详细解释。

（三）展示企业整体形象的包装策略

企业形象对产品营销具有重要作用，因此，很多企业从产品经营之初就注重企业形象的展示与美誉度的积淀。运用这种包装策略的企业需要有比较深厚的文化积淀。

有的企业挖掘企业文化透彻，并且能与开发的农产品有机地融合起来进行宣传，达到了既展示企业文化，又给消费者留下深刻印象，还有利于促销的目的。

（四）突出农产品特殊要素的包装策略

任何一种商品农产品都有一定的特殊背景，如历史、地理背景、人文习俗背景、神话传说或自然景观背景等，包装设计中恰如其分地运用这些特殊要素，能有效地区别同类产品，同时使消费者将产品与背景进行有效链接，迅速建立概念。这种包装策略运作得好，给人以联想的感觉，有利于增强人们的购买欲望。

（五）突出农产品溯源的包装策略

农产品溯源是对农产品从生产到销售全过程记录的追溯，涉及信息化、智能化等新兴技术。商家可建立一个覆盖农产品从初级到深加工各阶段的信息库，为农产品建立溯源二维码，实现“一物一码”，为农产品建立“身份证”制度，实现对产地环境、生产过程、出品检测、分装储运等质量安全关键环节的全程监控。同时，一旦出现问题农产品，要及时发现、及时处理，并规范农产品种植、加工，促进品牌形象的树立。

实现农产品溯源可以通过以下流程。

（1）生成溯源码。借助二维码溯源系统，在线生成产品标签二维码，并编辑扫描二维码要显示的内容，如农产品信息、种植信息、农产品加工信息、质量安全信息以及商家资质信息等。

（2）生产农产品并封袋包装，张贴借助二维码溯源系统生成的二维码（有条件的可以直接将溯源二维码印刷在农产品包装袋上）。

（3）消费者通过第三方软件（如微信、QQ 等）扫描农产品包装袋上的溯源二维码，进行农产品的信息溯源。

四、农产品的包装方法

（一）水果的包装流程

由于果实在生长发育过程中受外界多种因素的影响，同一母树，甚至同一枝条的果实也不可能一样，而从若干果园收集起来的果品，必然大小不一、良莠不齐，所以包装水果的第一步需要分级，然后按级定价、收购、销售、包装。通过挑选分级、剔除病虫害和机械伤果，既可使产品按大小分级后便于包装标准化，又可减少在储运中的损失，减轻一些危险病虫害的传播，并将这些残次产品及时销售或加工处理，以降低成本和减少浪费。接着是清洗，清洗是采用浸泡、冲洗、喷淋等方式水洗或用干毛刷刷净某些果蔬产品，特别是块根、块茎类蔬菜，除去黏附着的污泥，减少病菌和农药残留，使之清洁卫生，符合商品要求和卫生标准，提高商品价值。清洗之后就是对水果的防腐处理，这在国外已经成为商品化不可缺少的一个步骤，我国许多地方也广泛使用杀菌剂来减少采后损失。进出口水果时，植物检疫部门经常要求对水果进行灭虫处理，才能够放行。因此，出口国必须根据进口国的要求，出口前对水果进行适当的杀虫处理。然后就是对水果的保鲜，通过打蜡在水果表面形成一层蜡质薄膜，可改善果蔬外观，提高商品价值；阻碍气体交换，降低果蔬的呼吸作用，减少养分消耗，延缓衰老；减少水分散失，防止果皮皱缩，提高保鲜效果；抑制病原微生物的侵入，减轻腐烂。若在涂膜液中加入防腐剂，防腐效果更佳。我国市场上出售的进口苹果、柑橘等高档水果，几乎都经过打蜡处理。最后用纸箱、网袋或者竹篮进行包装。如图 5-1 所示。

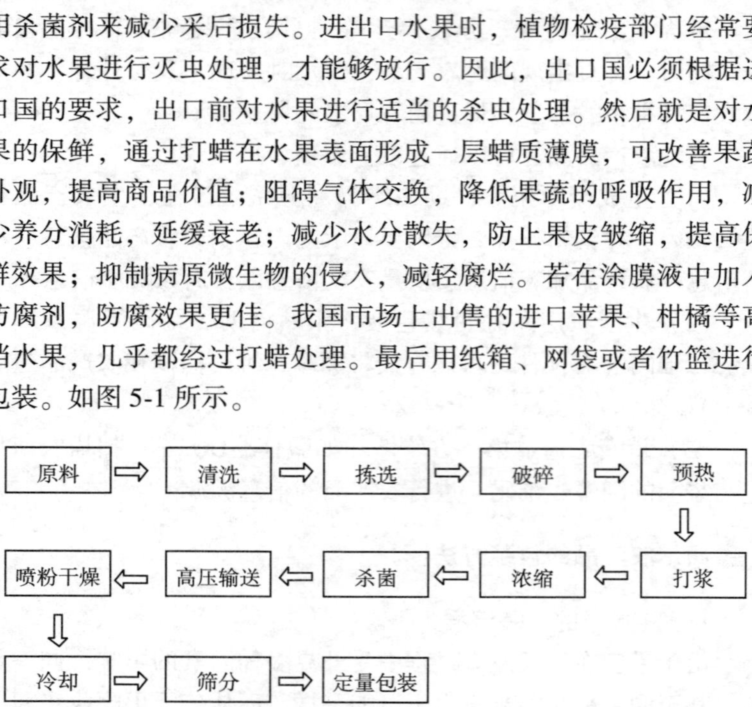

图 5-1　水果包装流程

（二）蔬菜的包装流程

按照规范要求分拣出新鲜完好的蔬菜，其余的丢弃；将精选出来的蔬菜按要求使用保鲜膜/盒包裹，蔬菜有质量问题重新分拣；将包好保鲜膜的蔬菜按要求放入筐内，蔬菜有质量问题或保鲜膜破损的重新分拣；将装满菜的筐运送到装箱区域，按要求进行装箱，蔬菜质量有问题或保鲜膜破损的重新分拣；装箱后对每一箱蔬菜进行称重，不符合要求的重新分拣；称重后将箱子整齐码放于运输车上，按要求入库并记录。如图 5-2 所示。

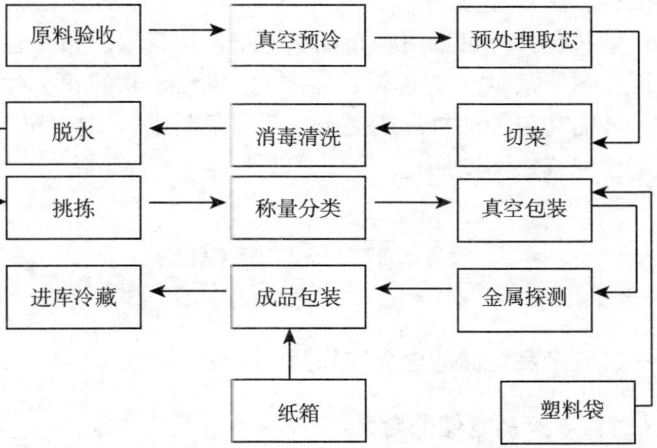

图 5-2　蔬菜包装流程

（三）鲜活农产品的包装流程

需保鲜的产品，尤其是切好了的产品，如鲜肉类、菌类、鲜辣椒、水果、去皮蒜瓣等都可以放置在方形的黑色塑料盒或者透明塑料盒外包一层保鲜膜，贴上价格标签。清洗处理好的葱、半棵花菜、切好的冬瓜、切好的西瓜、半棵卷心菜都可以直接用保鲜膜包装，贴上价格标签。整棵蔬菜用保鲜膜包好。海鲜则需要冷冻包装，在包装箱里面铺 1 层冰或 2 层冰。

（四）中药材的包装流程

一般药材多使用麻袋做包装，其中有的药材（如蒲黄、松花粉、海金沙）需内衬布袋。矿石类、贝壳类药材使用塑料编织袋包装。贵重药材（如人参、三七）、易变质药材（如枸杞子、山茱萸）、易碎药材（如鸡内金、月季花），以及需用玻璃器皿做内包装的药材（如竹沥），宜选用瓦楞纸箱做包装，箱内多衬防潮纸或塑料薄膜，箱面涂防潮油或箱外包裹麻布、麻袋，再用塑料带捆扎。受压不易变形、破碎的药材，宜选用打包机压缩打包，压缩打包件外可选用麻布或粗平布、塑料编织布裹包，有的药材需内衬防潮纸（如莲须、藿香），质地柔软的花、叶、草类药材，还需在包外加竹片或荆条、紫槐条制成的支撑物，包外用麻绳、棕绳或铁圆丝捆扎。

第二节　农产品仓储

一、农产品仓储的含义与作用

（一）农产品仓储的含义

“仓”即仓库，为存放、保管、储存物品的建筑物和场地的总称，可以是房屋建筑、洞穴、大型容器或特定的场地等，具有存放和保护物品的功能。“储”即储存、储备，表示收存以备使用，具有收存、保管、交付使用的意思。仓储就是指通过仓库对商品与物品的储存与保管。农产品仓储就是指通过仓库对农产品进行储存和保管的过程。

（二）农产品仓储的作用

1. 时间效用

仓储的目的是消除物品生产与消费在时间上的差异。由于自然条件、作物生长规律等因素的制约，农产品的生产往往具有季节性，而消费者的需求却是长年的、连续的。为使农产品满足消费者的需求，农产品生产经营者利用仓库储存农产品进行时间上的调节，以确保在农产品生产的淡季也能满足消费者的日常需求，这种储备保障了消费需求的及时性需要，创造了明显的时间效用。

2. 空间效用

农产品生产与消费的矛盾主要表现在生产与消费地理上的分离。农产品的生产主要在农村区域，而消费农产品的消费者则遍及全国各个区域。随着交易范围的扩大，农产品生产与消费在空间上的矛盾也逐渐扩大，农产品仓储通过选择靠近人们生活区的位置建立仓库，防止人们购买农产品时出现短缺现象，拉近农产品产地与市场的距离，为人们提供满意的仓储服务，体现出明显的空间效应。

3. 调节供需矛盾

随着社会分工的进一步发展，专业化生产发展逐步深入。生产者将自己的资源集中到生产效率最高的项目上，需要进行商品交易才能满足自己对其他商品的需求。农产品生产者也需要把农产品放到市场上进行交换，这就要求通过农产品仓储来调节生产与消费方式上的矛盾。

4. 实现农产品增值

现代仓库的功能已由保管型向流通型转变，即仓库由原来的储存、保管货物的中心向流通、销售的中心转变。仓库不仅具有仓储、保管货物的设备，而且还增加分袋、配套、捆装、流通加工等设施。通过对农产品进行简单加工，不仅满足客户的多样化需求，方便消费者，也实现了农产品自身价值的增加。

二、农产品仓储的分类

（一）按农产品仓储经营主体划分

1. 农产品自有仓储

农产品自有仓储的目的是满足农产品的存储需要。

2. 农产品营业仓储

农产品营业仓储是仓库所有者以其拥有的仓储设施，向社会提供商业性仓储服务的仓储行为。仓储经营者与存货人通过订立仓储合同的方式建立仓储关系，并且依照合同约定提供服务和收取仓储费用。

3. 农产品公共仓储

国家或公共团体为了公共利益而建设的仓库称为“公共仓库”，即为公共事业配套服务的仓库，其主要是对车站和码头的农产品作业和运输流畅起支撑和保障作用。

4. 农产品战略储备仓储

农产品战略储备仓储是国家根据国防安全、社会稳定的需要，对农产品实行战略储备而形成的仓储。战略储备由政府进行控制，通过立法、行政命令的方式进行管理，由执行战略物资储备的政府部门或机构进行运作。战略储备特别重视储备农产品的安全性，且储备时间较长。农产品战略储备主要包括粮食、油料等。

（二）按农产品仓储功能划分

1. 农产品储存仓储

农产品储存仓储是指农产品较长时期存放的仓储。储存仓储一般设在较为偏远但具有较好交通运输条件的地区，存储费用低廉。农产品储存仓储的农产品品种少，存量大。由于农产品储存仓储存期长，储存仓储特别注重2个方面：一是仓储费用尽可能要降低，二是要加强对农产品的质量保管和养护。

2. 农产品物流中心仓储

农产品物流中心仓储是指以物流管理为目的的仓储活动，是为了有效实现物流的空间与时间价值，对物流的过程、数量、方向进行调节和控制的重要环节。一般设置在位于一定经济地区中心、交通便利、储存成本较低的口岸。农产品物流中心仓储基本上都是较大批量进货和进库，一定批量分批出库，整体吞吐能力强，所以对机械化、信息化、自动化水平要求高。

3. 农产品配送仓储

农产品配送仓储也称为农产品配送中心仓储，是指农产品在配送交付消费者之前所进行的短期仓储，是农产品在销售或者供生产使用前的最后储存，并进行销售或使用前的简单加工与包装等。农产品配送仓储一般通过选点设置在商品的消费经济区间内，要求能迅速地送达销售地点和消费者。

4. 农产品运输转换仓储

农产品运输转换仓储是指衔接铁路、公路、水路等不同运输方式的仓储，一般设置在不同运输方式的相接处，如港口、车站等库场进行的仓储。它的目的是保证不同运输方式的高效衔接，减少运输工具的装卸和停留时间。农产品运输转换仓储具有大进大出以及存期短的特性，十分注重作业效率和农产品周转率，所以农产品运输转换仓储活动需要高度机械化作业来支撑。

5. 农产品保税仓储

农产品保税仓储是指使用海关核准的保税仓库存放保税农产品的仓储行为。农产品保税仓库一般设置在进出境口岸附近。保税仓库受到海关的直接监控，虽然说农产品也由存货人委托保管，但保管人要对海关负责，入库或者出库单据均需要由海关签署。

三、农产品仓储管理

无论采用什么方式和方法储藏农产品，农产品仓储管理都包括入库前、入库中、入库后以及出库的管理。

（一）入库前的准备

对农产品进行合理的采摘，并做好入库前的处理，包括分级、分类、晾晒等，合理安排摆放位置和程序，尽力减少重复运输，避免返回、对流运输；备好仓库、器械，做好仓库的清扫、消毒工作。

（二）入库中的管理

对入库农产品进行严格检验，挑出劣质农产品，对其进行合理摆放并做好详细记录。

（三）入库后的管理

入库后的管理是农产品储藏质量安全控制的核心环节，要合理地控制温湿度，防止虫、螨、鼠、霉等有害生物的啮食和侵害，防止各种人为的、自然的灾害，如偷盗、水灾、火灾等，定期对农产品质量进行检查，如出现问题尽快解决。

（四）出库的管理

要对产品种类和质量、车辆卫生状况、出货单据进行严格核准，防止错发、错运或延误时间。

四、农产品仓储保管的方法

（一）传统仓储

传统仓储是劳动人民在长期生产实践中发明创造出来的方法，如堆藏、沟藏、窖藏、通风库等简易储存方式。这类简易储存方式投资少，结构较简单，目前我国蔬菜果品储存中相当大一部分仍采用传统储存方法。

（二）低温储存

低温储存一般可以分为冷冻和冷藏 2 种方式。前者要将保藏物降温到冰点以下，使水分部分或全部成冻结状态，动物性食品通常用此法。后者无冻结过程，通常降至微生物和酶活力较小的温度，新鲜果蔬类常用此法。食品变质的原因有多种，如果把食品进行冷冻加工，食品的生化反应速度大大减慢，使食品可以在较长时间内储存而不变质，这就是低温储存食品的基本原理。

（三）气调储存

气调储存是在冷藏保鲜的基础上，增加气体成分调节，通过对储存环境中温度、湿度和二氧化碳、氧气、乙烯浓度等条件的控制，抑制果蔬的呼吸作用，延缓其新陈代谢过程，更好地保持果蔬新鲜度和商品性，延长果蔬储存期和销售货架期。气调储存是目前国际上使用最普遍、效果最好、最先进的一种保鲜技术。

（四）生物保鲜技术储存

生物保鲜技术原理主要有隔离农产品与空气的接触、延缓氧化作用、抑菌或杀菌、调节果蔬生理代谢等。方法主要有涂膜保鲜、天然提取物保鲜、生物酶保鲜、拮抗菌保鲜、微生物菌体次生代谢产物保鲜等。

第三节　农产品营销

一、农产品营销的要素

（一）产品：具备商品属性且拥有完整的生产线

目前，我国大部分农户及农业企业生产的农产品不具备商品的完整特性，生产标准不规范，没有形成完整的生产线，无法满足标准化的配送需求，对农产品市场营销产生了严重的阻碍。

一个产品要想成为商品必须具备一定的特性、分类标准、产品系列、包装标识及独立的品牌等，而且这些内容必须通过某种方式清晰地展现在消费者面前。

农户的思维往往还停留在其种植的产品是小麦、养殖的牛羊等最基本的概念阶段，真正让他们讲出产品与其他人的产品有什么不同、有何优势时，他们只会一味地强调自己的产品品质更高，却无法给出具体的解释。显然这种浅薄的产品认知及描述，对于同质化竞争越来越严重的农产品的市场化之路是十分不利的。

（二）内容：优质的营销内容

企业营销需要有相应的内容来展示并强化自身产品及服务的优势，从而激起消费者对产品的购买欲。为此，农产品生产方需要创造出大量的营销内容对产品进行市场营销，产品的特点、生长环境、生产工序及品牌内容等都是营销内容的重要组成部分。

从某种方面来说，农产品是营销内容最为丰富的产品之一，对农产品进行市场营销可以发掘的内容十分丰富，只要农业企业在营销过程中善于发现内容并进行有效传播，农产品的市场营销就不难达到预期的效果。

（三）品牌：完善品牌架构，重视品牌资产

与品牌林立的工业品相比，绝大部分的农产品没有品牌。品牌缺失是长期以来农产品营销者面临的一个行业痛点，造成这种情况的原因主要有 2 个方面：一是农产品生产者本身缺乏对品牌的认知；二是没有可以建立品牌的落地途径。

现阶段，我国的农产品大部分是将其产地、品种作为与其他同种产品进行区分的标志。即便是一些地域的农产品在国内市场具有较强影响力，如陕西白水的苹果、攀枝花的芒果、新疆的葡萄和济宁金乡的大蒜等，但这些在严格意义上不能算作一种品牌，因为企业对其没有知识产权，在法律地位上得不到应有的保护，在面临不法分子侵占企业的合法权益时，企业无法通过诉讼渠道维护自己的利益。

在市场竞争的驱动下，许多农产品生产单位开始意识到品牌建设的重要性，开始投入大量的资源用以进行品牌建设，以鲜果品牌攀枝花26度果园为例，其所属方是攀枝花水果汁恋果品开发有限公司，它以攀枝花城市所在的纬度进行命名，北纬26°上有着包括夏威夷、迈阿密及冲绳在内的风景优美的地区。借助具备各种线上及线下的市场营销活动，攀枝花26度果园已经发展成当地家喻户晓的水果品牌。

（四）渠道：掌握渠道控制权

对绝大多数的农户而言，渠道营销是一个完全陌生的概念。在现实生活中，农户们往往是将农产品种植成熟后，等着农产品经销商前来收购，剩余的少部分没有被经销商购买的产品会通过附近的集市处理掉，缺乏主动进入市场的机会。这就造成农产品生产者没有对渠道的控制权，农产品丰收的年份要被经销商大幅度压低价格，而且很可能会出现滞销；农产品歉收的年份就会面临较大的损失。

农产品营销需要走出农村，需要面向更为广阔的全国市场乃至是国际市场，厘清从农产品的需求方到生产方的传播路径，并尝试找到切入点来进行渠道营销。

（五）传播：懂传播、会传播

互联网时代信息大量涌现，营销推广更需要有优质的内容作为支撑，而农产品作为能够发掘出海量优质营销内容的产品之一，如果能够加以运用，农产品销量将会获得大幅度增长。农产品的生产、采购、包装、运输和销售等环节都可以为营销内容提供支持，而且这些信息也是那些生活在城市里的人们所不了解的，很容易吸引他们的关注。

从政府层面上说，农产品生产者的受教育水平普遍较低，而且新技术、新思想在农村地区的接受度较低。各个地区的地方政府应该组织一些农产品营销培训活动，帮助农产品生产者更好地掌握营销技巧，让农户及农业企业在更大的舞台上参与市场竞争。

二、互联网时代的农产品营销策略

农业作为支撑我国国民经济的基础性产业，其为整个人类的生存发展源源不断地提供着大量的资源，然而在市场中作为农业生产者的农户及农业企业，却没有取得其应该得到的地位，他们在农业产业的价值传递中长期处于不利地位。要破解这一不利局面，需要让农业生产者更多地参与到市场竞争中来，让其通过运用以互联网为代表的新一代技术将农产品营销做到极致。

在同质化竞争日益严重的互联网时代，做好农产品的网络营销对农户及农业企业的发展具有十分重要的意义。它能够大幅度提升农产品销量，增强品牌影响力，拓宽农产品销售渠道，带动农民发家致富，更好地配置社会资源实现农产品供需平衡。“互联网+”时代，农业企业需要抓住时代机遇，从多个方面来提升自身的农产品营销水平。

（一）通过培训提升农户对农产品营销的认知

与相关的政府部门，比如通信管理、信息产业等部门进行战略合作，让员工及农户积极参加营销课程培训，提升他们对营销知识体系的认知，培养出更多的农业信息化人才，使其在农产品营销实践中贡献自己的力量。

（二）搭建农产品质量追溯体系，提升百姓食品安全意识

目前，许多农业生产基地及农业企业为了更好地保证食品安全，开始搭建农产品质量追溯体系，借助互联网、智能手机等，消费者扫描二维码后，即可得到农产品种植、施肥、灌溉、采摘、包装、仓储、配送等各个环节的详细数据，从而实现对农产品全流通环节的监督及管理，让消费者获得优质农产品的同时，

也极大地提升了自身的品牌影响力。

(三) 打造新型农产品电商渠道，完善农产品物流配送体系

利用移动互联网、大数据、云计算等新一代信息技术，拓展营销渠道，实现与电子商务的深度融合，打造出全新的电商营销渠道。农业企业要充分利用互联网时代的信息共享、实时沟通、快速传播的优势，将农产品营销水平提升至新的高度，消费者借助互联网可以更好地了解产品的流通环节，拥有更多的产品信息知情权。相应地，信息透明、品质优良的农业企业也就更容易获得他们的认可。

(四) 推进农产品透明化、开放化，加强特色农产品品牌化建设

打造农产品信息服务平台，充分发挥农产品生产地的特殊资源优势、文化优势来对农产品进行定位、包装及宣传，提升消费者对农产品品牌的认知，建立良好的企业画像。品牌代言人的选择同样十分关键，褚橙用充满励志的褚时健的人生经历，为其产品增加了更多的情感色彩。

传统农业企业可以从以褚橙为代表的快速崛起的互联网农业品牌中借鉴发展经验。通过强调农产品的差异性赋予品牌更多的溢价能力，为农产品营销打下坚实的基础。

我国想要从农业大国转变为农业强国仍需要一段较长的成长期，农产品生产、营销、配送等各个环节仍处于初级发展阶段。“互联网+”的蓬勃发展，为加快我国现代农业的发展进程提供了强力支撑。“互联网+农业”的产品营销颠覆了传统的营销方式，借助网络营销等新的营销渠道更加全面地对接消费者，极大地拓展了市场空间，为我国工业的快速崛起注入了源源不断的活力及动力。

第六章 物流配送

第一节 农产品物流

一、农产品物流的含义

长期以来，人们将农产品物流视为农产品流通中的运输、储存和装卸，这种认识显然具有片面性。目前，物流正从传统物流向现代物流过渡。根据物流概念的发展，结合农业的特点，对农产品物流含义的界定也随之发展，即农产品物流是指为了满足用户需求、实现农产品价值而进行的农产品物质实体及相关信息从生产者到消费者之间的物理性经济活动。农产品物流是以农业产出物为对象，通过农产品产后加工、包装、储存、运输和配送等物流环节，做到农产品保值增值，最终送到消费者手中。

农产品物流的概念着重强调 2 点：一是物流运作客体是指脱离生产领域的农产品，这是农产品物流与农业物流最重要的区别；二是农产品物流不仅服务于农产品消费者，还服务于农产品生产者，即不仅满足消费者需求，而且还要使生产者生产的农产品实现价值。

农产品物流的发展目标是增加农产品的附加值，节约流通费用，提高流通效率，降低物流损耗，从而规避市场风险。

二、农产品物流的特征

农业是自然再生产和经济再生产相结合的再生产过程。与工业经济活动相比，许多农产品是人们的生活必需品，需求弹性小，且存在多种自然风险．农产品的这些特殊性使农产品物流表现出显著的自有特征。

（一）农产品物流的数量巨大

一方面，农产品的需求量大。广义上的农业不但包括种植业，而且包含林业、畜牧业、渔业、副业等。不管是粮食、经济作物还是畜产品、水产品，都大量转化为商品，商品率很高，它们不仅直接满足人们的生活需要，而且还向食品工业、轻纺工业、化工工业提供原料。另一方面，由于时间和空间的影响，产销之间的转移量大。农产品生产受自然条件制约，各地因气候、土壤、降水等情况的不同，适宜种植不同的农产品品种。因此，农产品物流的需求量大、物流量大、范围广，要求农产品进行空间范围的合理布局和规划。

（二）农产品物流具有分散性

农业生产的异质性决定了农产品特别是鲜活农产品的供应主体数量多、规模小。纵观从生产到消费所经历的各个环节，每一个个体生产者都会发现，以他们个人的生产量与市场衔接，根本无法达到规模经济，且交易成本很高。显然，相对于工业品物流，这种特性决定了农产品的运输和装卸比多数工业品要复杂得多，常常需要 2 个以上的储存点和 2 次以上的装卸工作，单位产品运输的社会劳动消耗大。因此，只有科学规划农产品的物流流向，才能有效地避免对流、倒流、迂回等不合理运输现象。

（三）农产品物流具有非均衡性

农业生产是以自然再生产为基础的经济再生产过程，自然条件的差异决定了农产品的生产具有明显的地域性。一个品种只能在某个区域或某几个区域生产，农产品尤其是植物性产品，受自然条件的影响大，农业生产者不能在一个年度内均匀地分布生产能力，只能随着自然条件的变化在某一个特定时期内集中生产某一个品种，因而同一种农产品的市场供给有其明显的区域性、季节性和集中性的特点。成熟季节则在产区集中大量上市，而其他季节又供应不足。这就与社会对农产品的需求具有地域的广泛性、时间上的均衡性产生了矛盾，于是农产品物流组织就要在旺季时组织市场营销，同时进行必要的农产品储备，通过适时吞吐，平抑淡旺季之间的供求波动和价格波动，实行农产品的供求平衡。

（四）农产品物流运作的相对独立性

由于不同地区的气候、土壤、降水等自然条件存在差异，各地适宜种植品种不同，农产品生产呈现出明显的季节性和区域性特征，而农产品的消费则是全年性的，这就决定了农产品物流过程中需要大量的库存，且需要在较大范围进行调度与运输，有严格限制的交货提前期；安全卫生性，对农产品生产和储运提出了更高要求，如全程的冷链，加工中的无菌环境，产品配送过程中不能和有其他气味的商品混运以防串味，还应注意配送中微生物和重金属的交叉污染等问题。由于人们的绿色消费理念，尤其是食品安全意识的增强，对绿色物流提出了更高的要求。

（五）农产品物流具有风险性

大多数农产品的消费都表现为满足人们的生理需求，因此农产品流通的需求规模与人口数量的相关性很强。在人口总量增长趋缓的情况下，人们生理需求的相对稳定性使农产品市场需求量也表现为相对平稳的特点，有些农产品如粮食随着居民收入的增长，其需求反而会有所减少。农产品的生产虽然受到土地等自然资源的约束，但农业生产要素之间具有可替代性，技术进步可以克服自然资源短缺的局限性，因而农产品的供给弹性较大。在农产品市场价格波动的条件下，农产品的需求变化幅度较小，而供给变化的幅度较大。价格上升，则造成农产品生产过量和市场滞销；价格下降，则造成农产品生产不足和市场供应紧张。过大的经营风险会降低经营者的未来预期，往往会使经营者更多地采取短期的机会主义行为，不利于形成有序的市场竞争格局，从而影响社会经济生活的稳定。因此，农产品物流首先要承担的责任是保持物流的持续有效，充分发挥农产品物流组织的流通先导性作用，以保证农产品供求平衡，保证农产品商品价值的实现。

（六）加工增值是农产品物流的重要内容

农产品不同于工业品的最大特点在于农产品市场价值的很大一部分是在离开生产领域后得到提升的，具有很大的加工增值潜力。一般来说，农产品物流增值环节主要包括以下几个方面：农产品分类与分类包装增值服务、农产品适度加工后小包装增值服务、农产品配送增值服务、特种农产品运输增值服务、特种农产品仓储与管理增值服务。农产品加工是农产品物流中一个不可缺少的重要组成部分。如粮食深加工和精加工、畜牧产品加工、水果加工和水产品加工等，具体包括研磨、抛光、色选、细分、干燥、规格化等生产性加工和价值贴付、单元化和商品组合等促销加工作业等。

第二节 农村电商物流建设

我国农村物流由于基础薄弱、产业链条长、中间环节多、涉及面广，长期处于粗放式发展。加上交通运输、农业、供销、邮政管理等部门间缺乏政策协同机制，尚未形成合力，导致农村物流资源整合利用不足，流通效率低，物流成本居高不下。对于新兴的农村电商而言，亟须整合商贸物流快递资源，开展共同配送，在区域节点建设仓储物流中心，提升物流信息化水平，发展智慧物流，提高配送时效，形成“布局合理、双向高效、种类丰富、服务便利”的农村电商物流服务体系。

一、我国农村电商物流的现状

（一）发展规模迅速扩大

根据国家邮政局统计数据，2021 年，全国快递服务企业业务量累计完成 1 083 亿件，同比增长 29.9%。从总体来看，随着农村网民数量的增多和网络购物、移动电商的普及，农村电商网络零售额和农产品网络零售额将呈现快速增长的态势，与之对应的农村电商物流将迎来发展的良机。

（二）国家政策的持续扶持

2014 年以来，商务部会同财政部、国务院扶贫办开展电子商务进农村综合示范，一直把农村电商物流配送体系作为资金重点支持方向，2016 年更是明确物流配送体系建设中央财政资金支持率不低于项目专项资金总额的 30%，农村电商物流得到快速发展。农业农村部开展了农业电子商务试点、信息进村入户工程和“互联网+”农产品出村进城工程。再加上国家乡村振兴战略等这些持续的政策红利，为农村电商物流的发展提供广阔的施展舞台。

（三）农村电商物流主体多元化发展

电商物流主体既有商贸物流、交通运输、邮政、供销合作等传统企业，也有快递、第三方物流等新兴企业，同时他们与电子商务企业渗透融合，涌现出一批电商物流企业。如菜鸟乡村物流，截至 2021 年，在全国 1 000 多个县推行乡村快递共同配送，设立县级共配中心 1 000 多个，乡镇和村级共配点 3 万多个，提供了高效的智慧供应链服务。

（四）农村电商物流服务能力逐步提升

传统农村物流的灵活性和时效性不足，不适应农村电商特别是生鲜农产品电商快速、即时的需求和配送，成为发展农村电商的短板和痛点。知名互联网巨头为提升服务能力，抢占农村蓝海市场，纷纷以自有的物流体系实现农村电商的物流配送。这在很大程度上刺激着传统的物流企业进行自我变革和提升，以便抢占快速增长的农村电商市场。

二、我国农村电商物流存在的问题

（一）农村物流设施薄弱、运营效率低，农产品上行乏力

相对于城市，农村地广人稀，农民居住分散；中西部地区地形崎岖，道路简陋，交通设施差；农产品品类繁多，规模不统一，生鲜农产品更是易损耗、易腐烂；农村电商物流的需求和供给较为分散，很多农村缺乏农产品大型仓储、冷链等物流基础设施。上述原因导致农村物流从运输、仓储、包装、搬运、配送等环节缺乏系统性、高效性、及时性，吞噬了农产品大部分利润，间接抬高了农产品销售价格，导致农产品上行举步维艰。

（二）农村电商物流配送成本高，没有释放农村消费潜力

农村电商订单少且分散，利润低，无法形成规模。大部分快递企业都不愿意布局农村物流配送，造成农村物流网点少的局面。农村快递物流的诸多短板，导致大部分村民还要承担快递"最后一公里"的费用，没有让农民享受到电子商务带来的便利和实惠，更没有撬开农村广阔的消费市场。

（三）农村电商物流信息化水平弱，专业人才稀缺

大多数农村电商物流企业规模小，信息化水平不高，各自为

战，不成体系。大部分快递的分拣、记录、配送线路等靠人工完成，效率低，及时性不能得到保证。物流快递企业配送单少，利润薄，员工收入较低、工作强度大，导致愿意从事农村电商物流的人很少，专业、高素质的物流人才凤毛麟角。

(四) 农村电商物流企业资金不足，规模化不够

大部分从事农村物流的主体属于个体户和小微企业，很难从商业银行等传统的机构获得贷款支持，更不要谈从风投、互联网金融等新兴的金融机构获得资金，很多从事农村电商物流的企业都是抵押“车和房”来进行发展，融资困难让农村物流发展难以做大做强。

(五) 农村电商物流企业整合成本高、难度大

农村电商物流同质化竞争严重，往往电商发达的区域，快递物流公司扎堆，电商欠发达区域，物流公司无暇顾及。市场竞争的残酷性，决定区域农村物流配送体系如果由企业来牵头整合，就很难统一利益诉求。整合成本居高不下，很难构建统一完善的、布局合理的农村物流网络。

三、我国农村电商物流发展的建议

(一) 因地制宜，探索本地电商物流发展新模式

地方政府应当对当地特色产业、电商发展、物流快递覆盖率、成本、时效、冷链物流、区域节点等情况进行深入调研，加强区域物流规划，选好物流节点和线路，在产销重点地区建设分仓，找出适合自己的电商物流模式。同时做好相关标准的制定和应用推广工作，促进流通标准化、包装标准化、绿色化和循环利用。

(二) 整合物流资源，发展共同配送，实现规模化

地方政府要充分发挥前期在推进农村电商物流发展中的主体

作用，通过政策扶持、资金补贴、贷款贴息等形式，引导和鼓励商贸流通企业、物流快递企业以联盟、合作等形式，实现资源整合共享，形成利益共享机制，发展共同配送，改善主体散、弱、小的局面。可以通过优化整合供需两侧的资源，将快递公司配送的零散快递和包裹统一起来，不增加货车配送，既可以提高利润空间，又避免资源浪费，有效降低成本。

（三）提升物流信息化水平，发展智慧物流

1. 搭建县乡村三级电商物流信息管理系统，实现信息共享

农村物流的信息化程度低，需求信息以传统的电话、手机、人际传递为主，运营效率低下，这就需要提升物流信息化管理水平。在整合的基础上，搭建县乡村三级电商物流信息管理系统，形成农村电商物流数据库，提供供需信息的收集、整理、发布，实现各方信息的互联互通、集约共享和有效联动，及时高效组织调配各类物流资源。通过电商物流数据的驱动，破解农村物流信息的不对称问题。

2. 完善乡村物流信息点服务功能

县级物流仓储中心要加大乡村物流信息站点的科学布局和统筹安排，让乡村物流信息站点实现与县级物流信息管理系统有效对接和衔接，推进农村物流信息终端和设备标准化，强化信息采集与审核，形成上下联动、广泛覆盖、及时准确的农村物流信息网络。

3. 提升信息技术应用水平，发展智慧物流

推广利用条形码、无线射频识别、全球定位系统、地理信息系统等信息技术，逐步推进对货物交易、受理、运输、仓储、配送全过程的监控与追踪，提升物流运输效率，以最快的速度将货物配送到消费者手中，最终实现“工业品下行、农产品上行”的双向信息化物流，实现农村智慧物流。

4. 培养物流专业人才和信息员

物流信息化人才培养是现代物流业发展的关键，专业人才短缺是制约物流企业转型升级的瓶颈和障碍。地方政府一定要培养、培训和扶持企业引进专业的物流信息化人才，提高本地电商物流行业发展的水平。要培养和发展农村物流信息员，及时采集农村地区供需信息，通过网络、电话、短信等多种形式，实现信息的交互和共享。

第三节　农产品电商物流

农产品电商物流是指以电子商务为依托的各类农产品的物流活动。它涉及农产品的生产、收购、运输、储存、流通加工、包装、装卸、分销、搬运、配送和信息管理等一系列环节，并通过各环节的有效整合，实现农产品的价值增值，满足消费者需求。

一、农产品电商物流的特点

电子商务的特殊性以及生鲜农产品易腐烂的自然属性，决定了电子商务环境下的农产品电商物流有不同于一般物流的特点，主要体现在以下 7 个方面。

（一）对农产品的质量保证要求较高

在网上购买农产品，改变了人们以往去菜市场亲自挑选购买的消费习惯，这就需要消费者信任网上销售的产品。所以，农产品电商最重要的就是保证产品的质量。

尤其是生鲜产品，因其自身特点在采摘、储藏、运输、包装、配送等过程的非标化造成生鲜产品的巨大损耗，而生鲜产品对储藏和运输要求极高，而消费者单笔订单小，区域分布发散，这对生鲜产品的储藏和品质的保障都带来较高的要求。从农产品种植到最终送到消费者手中，在整个供应链环节中，除了采用全面的农产品质量管理体系，保证农产品质量的可监控状态并予以记录外，还需要另外采用一定的技术，保证农产品的可回溯性，从而做到让消费者放心地购买网上的生鲜农产品。

（二）对物流成本的变化更加敏感

商家通常会在网站日常的运行和维护上花销不菲，为保持盈利，就会在其他成本尤其是物流成本上严格控制。如何既保证物流服务的质量，又使物流成本最低就成为商家需要考虑的很重要的问题。虽然农村电商可以缩短农副产品流通的链条，减少中间环节，但物流过程仍存在很多复杂的问题，仍然需要商家不断进行创新，优化物流流程，降低物流成本，提高运营效益。

（三）物流配送要求及时、快速

由于农产品电子商务的消费者平时上班或忙于农务，收货时间有很大的限制性。这对生鲜农产品的物流配送提出了很高的要求，也是令商家头疼的地方。因此，对于生鲜农产品的物流配送要考虑时间差的问题，做到及时配送。由于生鲜农产品易腐烂的特性，还要做到快速配送，在保鲜期内送达消费者，提高消费者的满意度。

同时，农产品生产的季节性特点使农产品在收获季节的物流运送需求量巨大，而在其他非收获季节的运送量相对较小。而农业生产地相对较为分散，农产品消费地遍布全国，一般需要经过多次的运输、存储、装卸及配送后，农产品才能到达消费者手中，这也对农产品物流的合理规划提出了较高的要求。

现在的农产品电商物流在同城配送中，都已经能做到当天收到订单，次日把货送到消费者手中。

（四）分散—集中—分散的物流节点特征突出

由于参加农业生产的主体众多，离散性强，缺少联合，组织化程度低，导致生产存在盲目性，而农产品的消费者却遍布全国城乡，容易造成农产品买难和卖难的交替出现。这种农产品“小生产”和“大市场”的矛盾决定了农产品流通过程呈现出由分散到集中再由集中到分散的基本特点。

（五）物流配送点比较分散

由于电子商务的客户多为个体家庭，在城市中比较分散，造成配送点多、面广，大大增加了配送难度。这不像传统的农产品配送模式，由一家大型的食品商贸公司负责向大型的超市和农贸市场进行配送，这些物流节点比较集中，配送自然可以集中完成。农产品电商则需要在配送中对配送路线进行科学规划，再满足客户需求。

（六）对物流设备、技术要求高

农产品物流对设施的要求特别高，其中包括用于保鲜、冷藏和防疫等的物流设备。新鲜是生鲜农产品的生命和价值所在，大量生鲜农产品（如水果、蔬菜和动物性产品）含水量高、保鲜期短、极易腐烂变质，这大大提高了对仓储包装、运输等环节的技术要求，增加了物流难度。

（七）生鲜农产品增值幅度大

将生鲜农产品从生产基地运到配送中心后，企业一般都要对生鲜农产品进行加工处理，包括清洗、切割、包装以及保鲜处理等，这就会增加生鲜农产品的附加值。

二、农产品电商物流的主要模式

农产品电商物流的主要模式有批发市场物流模式、流通企业物流模式、加工企业物流模式、农产品物流园区模式和农业流通枢纽港模式等。

（一）批发市场物流模式

批发市场物流模式是较常见的农产品电商物流模式。它依托一定规模的批发市场，由生产者或中间收购商将分散的产品集中到批发市场被批发商收购，然后再通过零售商销售，最终到达消费者手中。图 6-1 所示为批发市场物流模式，可以规避分散经营，实现规模化，降低物流成本。

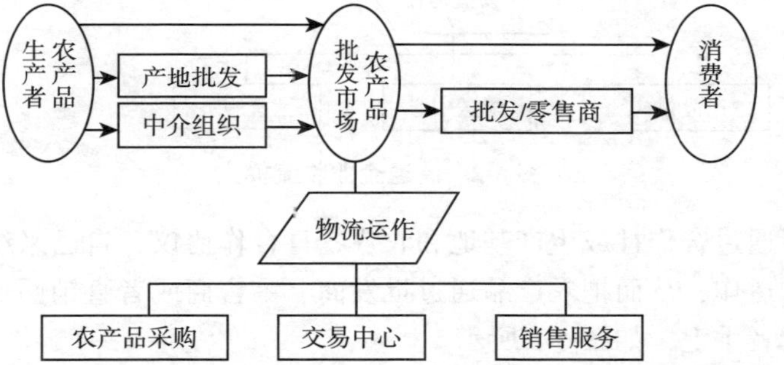

图 6-1 批发市场物流模式

（二）流通企业物流模式

流通企业物流模式一般是连锁超市与物流企业结盟运转的农产品电商物流模式，通过大型卖场、连锁超市、物流企业等来组织物流的运作，从而把农产品通过配送中心送到消费者手中。

图 6-2 所示为流通企业物流模式，其配送中心有 2 条配送途径：一条是“配送中心—批发商—零售商—消费者”；另一条是通过连锁店或者直接送达消费者手中。

随着农产品电商的快逗发展，流通企业物流模式演化出垂直类 B2C 模式，如天天果园；门店辐射+线上服务，如盒马鲜生；O2O 社区服务平台，如叮咚到家；社交属性的团购模式，如拼多多。

（三）加工企业物流模式

加工企业物流模式以农产品加工企业为核心，它直接与农户

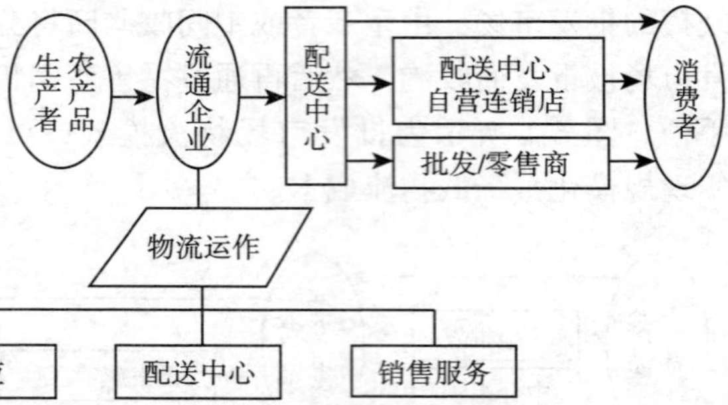

图 6-2　流通企业物流模式

或者通过合作社或生产基地和农户签订合作协议，自己来组织物流的运作，从而把农产品通过批发商、零售商或者直销网点送到消费者手上，如图 6-3 所示。

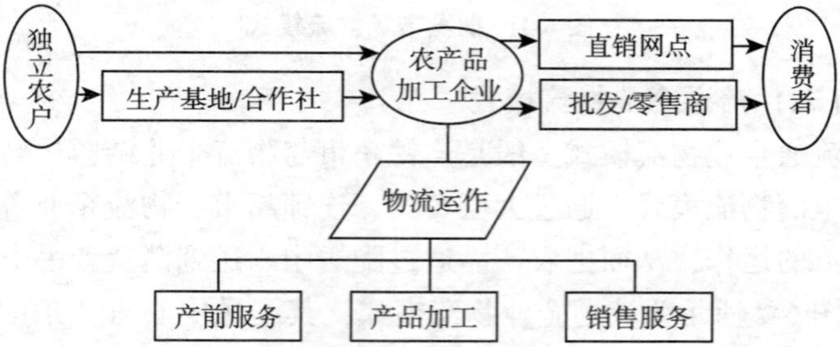

图 6-3　加工企业物流模式

（四）农产品物流园区模式

农产品物流园区模式通过依托物流园区的物流基础设施，把农产品从供应方送达需求方。农产品物流的物流园区模式，通过发布、查询农产品物流运输信息，可以提升农产品物流的效率，如图 6-4 所示。

目前我国有很多农产品物流园区，物流园区具有运输集散、仓储、配送、流通加工、报关、检验检疫等多种功能。农产品物流园区模式可以为入驻园区的企业提供农产品展示和展销服务。

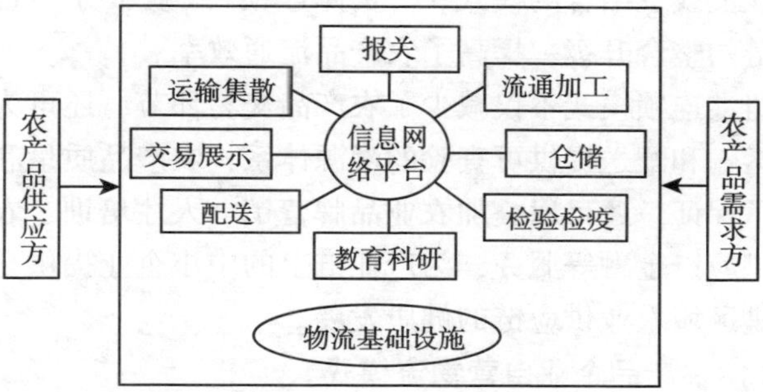

图 6-4　农产品物流园区模式

（五）农业流通枢纽港模式

农业流通枢纽港模式由农业流通枢纽港打造冷链物流中心，构建实体连锁网络，各个交易方可以通过枢纽港电商平台完成交易，也可通过实体店面完成交易。

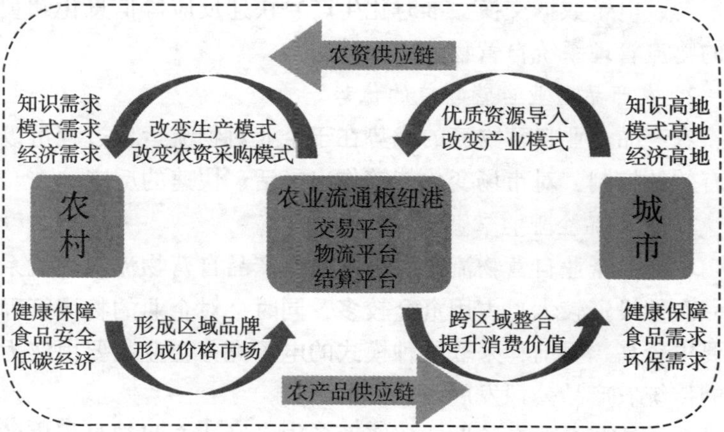

图 6-5　农业流通枢纽港模式

图 6-5 所示为农业流通枢纽港模式，是升级版的农产品物流园，是线上线下结合的模式，“实体连锁+线上服务”是农业流通产业链的整合升级，提高了农产品流通效率。

枢纽港连锁模式不仅减少了农产品交易环节，还可为农产品来源、运输和配送提供可查验的溯源体系，农产品质量和食品安全得到了保证，还可以叠加农业品牌营销、人才培训、农机融资租赁、供应链金融等服务，为产业链上的中小企业提供全方位支持，促进区域农业供应链的健康发展。

(六) 农产品企业自营物流模式

农产品企业自营物流模式是指涉农企业通过投资建设或租借农产品的仓储设备、运输工具等物流基础设施的方式，亲自从事本企业的农产品物流活动。

1. 农产品企业自营物流的特点

自营物流是物流业的基础，与传统的自营物流不同，电子商务下的农产品企业凭借电子商务的先进经验和优势，广泛采用网络平台、电子数据交换、准时化生产、快速反应等信息化和智能化的物流管理系统自营物流。

2. 农产品企业自营物流的优势

农产品企业自营物流的优势在于企业对物流运作过程可以进行有效的控制，对市场变化能够作出灵活、快速的反应。

3. 农产品企业自营物流的劣势

农产品企业自营物流的劣势则是农产品自营物流对物流系统的一次性投资较大，占用资金较多，同时，对企业的物流管理能力要求较高。目前，采取这种模式的电子商务企业主要由实力雄厚的传统农产品公司发展而来。

由于这些企业在长期的传统商务中已经建立起初具规模的物流配送网络，开展电子商务只需在原有基础上进行信息平台和物流系统的增建及整合，即可基本满足电子商务下的农产品物流要求。

（七）农产品企业物流联盟模式

农产品企业物流联盟模式是指2个或多个涉农企业之间，为了实现自己的物流战略目标，通过各种协议、契约而结成的优势互补、风险共担、利益共享的松散型网络组织。

由于单个企业自营物流对企业的资金和物流管理水平要求很高，实力较弱的企业一般无法承受，对它们来说，整合物流资源、建立物流联盟不失为更好的物流运作方式。

企业物流联盟的特点如下。

一是相互依赖。企业物流联盟的效益是建立在成员企业物流资源互补的基础之上，成员企业之间具有很强的依赖性，缺少任何一方的参与都难以获得预期的利益。

二是分工明确。为获得良好的效果，物流联盟成员企业应明确自身在整个物流联盟中的优势所在以及所担当的角色。这种明确的分工使物流供应方能集中精力提供用户需要的物流服务，减少联盟内部的对抗和冲突。

三是强调合作。物流联盟强调成员企业之间的密切合作。高度成功的物流联盟战略是建立一个信息化的合作平台。“不管要什么，随处可得”正是物流联盟的合作宗旨。对于开展电子商务的企业而言，物流联盟能够较好地满足它们跨地区配送及对时效性要求高的特点，帮助它们减少物资投资，降低物流成本，提高客户服务水平，取得竞争优势。

第四节　农产品冷链物流

一、生鲜电商运营的关键

随着互联网的不断发展以及移动终端的普及，电商市场近年来的发展可谓是如火如荼，越来越多的商品种类都被纳入了这一体系，生鲜产品就是其中发展较为迅猛的一个典型。相关数据显示，其交易规模一直呈现逐年递增的发展趋势，从 2013 年的 130 亿元到 2014 年的 260 亿元，再到 2015 年的 560 亿元，增幅可谓非常之大。而在这一行业发展的高速时期里，市场已然形成了三大阵营：一是综合性的电商平台，如天猫、京东等，旗下都有专门的生鲜产品频道；二是垂直类的电商平台，如我买网、本来生活等；三是传统的零售企业所建立的电商平台，如沃尔玛、飞牛网等。

相较于服装、电子产品之类的电商行业，生鲜电商在操作上的难度很大。尽管其市场增长极其迅速，但仍然存在着发展的绊脚石，而冷链物流就是限制其发展的一个巨大的痛点。

生鲜类产品在运输过程中必须通过冷链物流，而因为运输、仓储 2 个方面的原因，当前使用冷链物流的成本非常高。同时，生鲜产品对温度的控制、产品的包装等方面的要求也比较高，所以此行业内的电商面临着极大的考验。

生鲜产品对运输的要求并不是一致的，不同类别的产品需要不同条件的冷链运输：对于冷鲜肉以及水产品来说，无论是冷链还是配送的速度都有着极高的要求；对于生鲜水果以及日常生鲜来说，更注重配送的速度，对冷链的要求则相对较低。

除此之外，生鲜产品的末端配送也会根据种类的不同而有不同的需求：对于肉类来说，配送时必须保证能够保鲜；对于水果来说，配送时必须防止磕磕碰碰。

二、农产品冷链物流发展现状

目前，我国农产品冷链物流发展仍处于起步阶段，规模化、系统化的冷链物流体系尚未形成，与发展现代农业、居民消费和市场的需求相比仍有差距。2020 年中央一号文件明确作出“启动农产品仓储保鲜冷链物流设施建设工程。加强农产品冷链物流统筹规划、分级布局和标准制定。安排中央预算内投资，支持建设一批骨干冷链物流基地。国家支持家庭农场、农民合作社、供销合作社、邮政快递企业、产业化龙头企业建设产地分拣包装、冷藏保鲜、仓储运输、初加工等设施，对其在农村建设的保鲜仓储设施用电实行农业生产用电价格”的要求和指示。电子商务进农村综合示范的中央财政资金明确支持包装、分级、预冷等基础设施的建设，为加速农产品冷链物流的发展提供了坚实的政策支持。

（一）冷链物流规模日益增加

近年来我国生鲜农产品产量和需求量快速增加，特别是一批生鲜电商平台和社区电商的兴起，让更多特色农产品突破销售半径，更快捷地走上市民的餐桌。同时，随着消费升级的趋势，消费者的生活方式持续演进，导致冷链物流需求比例逐步提高。

（二）农产品冷链物流基础设施逐步完善

随着国家政策的支持和市场需求的增长，围绕着冷链物流基础设施的政策和投资进入密集期。据统计，2018 年全国冷库总量达到 5 238 万吨（折合约 1.3 亿米^3），新增库容 488 万吨，同比增长 10.3%。全国冷藏车保有量为 18 万台，较 2017 年增长 4 万台，同比增长 28.6%，连续 5 年增速维持在 20%以上。2018

年国内新开通铁路冷链线路近 20 条，铁路冷链运量超过 160 万吨，极大丰富了运输手段，降低了冷链运输成本。

(三) 冷链物流技术逐步推广

生鲜电商的发展对技术提出了更高的标准和要求，很多供应链企业和电商企业为提升客户体验感，增强市场竞争力，纷纷应用国内和国际先进的冷链物流技术，从屠宰、分割加工、冷却成熟等环节低温处理起步，逐渐向储藏、运输、批发和零售环节延伸，并向全程低温控制的方向快速发展，助力本地农产品更通畅和规模化地上行。

(四) 农产品冷链物流发展环境得到改善和优化

党中央、国务院高度重视“三农”工作，把冷链物流建设作为促进我国现代农业的重要举措。近几年在中央一号文件中均强调要加快农产品冷链物流系统建设，促进农产品流通。一些冷链物流的国家标准、行业标准和地方标准先后颁布实施，《中华人民共和国食品安全法》等重要法律法规逐步完善。相信在乡村振兴战略的推动下，我国冷链物流的环境会持续优化，将迎来新的发展机遇。

三、农产品冷链物流发展问题

(一) 农产品冷链流通的比例有待提高

相比欧、美、加、日等发达国家肉禽冷链流通率 100%，蔬菜、水果冷链流通率 95%以上的发展状况，我国鲜活农产品冷链流通的比例还有极大的提升空间。特别是在经济落后的地区，由于基础设施的薄弱和交通条件的约束，很多农产品大部分仍在常温下流通，加工、运输、销售、配送等环节实现全流程冷链较少，经常会出现“断链”现象，缺乏系统化和连贯性动作，导致很多鲜活农产品到了消费者手里，甚至出现变质和腐烂的情况，与消费者期望值有很大的偏差，严重制约生鲜电商的发展。

（二）冷链物流基础设施建设有待加强

我国地域辽阔，有些地方冷链物流设施利用率不高、共享水平较低，投入产出比太低，大部分企业不愿意建设。很多大型农产品批发市场、区域性农产品配送中心等关键物流节点也缺少冷冻冷藏设施，导致农产品不能实现错峰销售。农产品扎堆上市，价格偏低且滞销情况屡见不鲜，基础设施建设势在必行。

（三）冷链物流技术推广有待推进

由于我国冷链物流运输整体水平偏低，利润率不高，很多生鲜农产品产后预冷技术和低温环境下的分等分级、包装加工等商品化处理手段尚未普及，运输环节温度控制手段不够现代化，全程温度自动控制技术没有得到广泛应用。

（四）冷链物流企业规模有待扩大

很多冷链物流企业小散杂，没有实力，竞争力不强，服务水平不强且成本过高。很多贫困地区的冷链物流服务体系尚未建立，已经建立冷链物流体系的，缺乏系统化发展，服务标准不统一。具备资源整合和行业推动能力的大型冷链物流企业数量较少，需要国家进一步扶持。

四、发展农产品冷链物流的策略

（一）加大冷链物流基础设施建设

地方政府要明白加快冷链物流发展是促进农民增收的重要途径。要积极制定扶持政策，安排财政资金支持或积极利用国家和省、市资金推进基础设施建设。如 2019 年财政部办公厅、商务部办公厅印发《关于推动农商互联完善农产品供应链的通知》要求，构建农产品现代供应链体系，中央财政资金不低于 70%比例用于支持农产品产后商品化处理设施和冷链物流，国家电子商务进农村综合示范县要求资金用于预冷等基础设施建设。

（二）建立优势产业和特色农产品冷链物流体系

对地方农产品进行系统摸底，结合地方资源禀赋，因地制宜地发展冷链物流体系。本地是农产品主产区还是销售区，特色产品是肉类、水产类还是果蔬类，一定要具体问题具体分析，不同的产品采用不同的技术和建设标准。如内蒙古自治区锡林郭勒盟要鼓励牛羊肉冷链物流发展，积极发展覆盖生产、储存、运输及销售整个环节的冷链，建立全程“无断链”的肉类冷链物流体系。再如广西壮族自治区就要推进果蔬冷链物流发展，选择部分高价值的特色水果推广产后预冷、初加工、储存保鲜和低温运输技术，发展一体化冷链物流，实现农产品错峰销售。

（三）加快培育第三方冷链物流企业

利用政策和资金杠杆作用，解决土地、资金、用电问题，积极支持供销合作社、产业化龙头企业推进冷链体系建设，培育一批经济实力雄厚、经营理念和管理方式先进、核心竞争力强的大型冷链物流企业。鼓励企业在产地、销地建设低温保鲜设施，如甘肃省环县鼓励电商企业在西安建立异地仓来销售羊肉，鼓励本地龙头企业开放冷链物流体系，加快资源共享，将其发展成为本地第三方冷链物流中心，服务本地农产品进城入市。

第五节　农产品配送

一、农产品配送的概念与特点

（一）农产品配送的概念

农产品配送是指按照农产品消费者的需求，在农产品配送中心、农产品批发市场、连锁超市或其他农产品集散地进行加工、整理、分类、配货、配装和末端运输等一系列活动，最后将农产品交给消费者的全过程。

（二）农产品配送的特点

1. 配送网点分布众多，运输装卸次数多。

由于农业生产点多，面积大，消费农产品的地点也很分散，农产品运输和装卸比工业产品要复杂得多，单位产品运输消耗的社会劳动大。一般的农产品企业设置几个较大的配送中心，由这些配送中心再向小配送中心供货，由小配送中心再向用户配送。造成这种现象的主要原因是城市交通的限制以及为了及时满足用户需求，企业不得不在距离用户较近的居民区设置大量配送点。

2. 配送范围区域性，运输受限不均

由于农产品生产具有区域性，而人们的需求是多样的，因而需要不同区域间进行流通交易。但是由于农产品的鲜活易腐性，即使采取了保鲜等措施，仍会有一定比例的损耗，而且这个比例会随着时间和距离的加大而迅速增加，使流通成本上升，这限制了农产品的流通半径。在生鲜加工配送环节，因生鲜产品保温保鲜和加工制作周期等诸多原因，大大限制了生鲜农产品配送中心的服务支持半径，使其不同于常温产品的配送方式。

3. 配送技术要求较高

农产品具有鲜活易腐性，须在流通中采取有效的措施，才能保证农产品合乎质量要求进入消费者手中。鲜活农产品物流配送需要冷藏库、冷藏运输车、加工车间等一系列冷链处理。一般来说，农产品在流通环节需要分类、加工、整理等工作，在农产品储运过程中部分农产品需要特殊容器和设备。农产品流通比工业产品流通具有更强的资产专用性，运输成本也更高。

4. 配送风险大，安全问题严峻

目前，鲜活食品的经营日益成为超市卖场的主打，但这一部分产品的物流配送也日益成为所有配送商品中流通风险最大的。农产品物流风险主要来自3个方面：一是农产品生产和消费的分散性，使得经营者难以取得垄断地位，市场信息极为分散，难于全面把握市场供求信息及竞争者信息；二是农业生产的季节性强，生鲜农产品上市时，如果在短时间内难以调节，会使市场价格波动过大，这种现象在我国农产品流通中经常出现；三是以鲜活形式为主的农产品，限制了农产品跨区域间和跨季节间的即时调节，这使农产品物流和加工配送具有更大的相对经营风险。

由于我国鲜活农产品在储藏、加工、运输等环节没有严格的温度标准，微生物等有害物质会大量滋生或造成二次污染，影响了农产品品质，严重威胁食品卫生安全，食品安全问题表现突出。

二、农产品配送的形式

（一）定时配送

定时配送是按规定的时间间隔进行配送，每次配送的品种、数量可按计划执行，也可以在配送之前以商定的联络方式通知配送时间和数量。定时配送可以分为日配、准时配送和快递方式。

1. 日配

日配是接到订单要求后，在24小时之内将货物送达的配送方式。一般日配的时间要求大致为上午的订单下午即可送达，下午的配送要求第二天早上送达。

2. 准时配送

准时配送是按照对方的协议时间，准时将货物配送到用户处的一种方式。其特点是根据用户的生产节奏，按指定的时间将货物送达。这种方式比日配更为精密，利用这种方式，连“暂存”的微量库存也可以取消，实现零库存。

3. 快递方式

快递方式能在较短的时间内实现送达服务，但不明确送达的具体时间。在农产品快递服务中，必须注意时间问题，所以快递方式一般比较少用。

（二）定量配送

定量配送是按规定的批量在一个指定的时间范围内进行配送。这种配送方式由于配送数量固定，备货较为简单，可以通过与用户的协商，按托盘、集装箱及车辆的装载能力确定配送数量，以提高配送效率。

（三）定时定量配送

定时定量配送是按照规定的配送时间和配送数量进行配送，兼有定时配送和定量配送的特点，要求配送管理水平较高。如农产品配送中心对一些超市每天定时定量进行农产品配送。

（四）定时定路线配送

定时定路线配送是在规定的运行路线上制定到达时间表，按运行时间表进行配送，用户可按规定路线、站点和规定时间接货，并提出其他配送要求。一般大型连锁集团会针对连锁超市实行这种方式。

（五）应急配送

应急配送是完全按用户突然提出的配送要求随即进行配送的方式，是对各种配送服务进行补充和完善的一种配送方式，主要应对用户由于事故、灾害、生产计划的突然变化等因素所产生的突发性需求以及一般消费者经常出现的突发性需求，如奥运期间的农产品应急配送。然而，这种配送业务实际成本很高，难以用作经常性的服务方式。

三、农产品配送的基本作业环节

农产品配送是一个产品集散过程，不同的农产品配送企业其具体的业务流程有所不同。一般都包括备货、理货和送货 3 个环节。

(一) 备货

备货是准备货物的系列活动，包括筹集货物和存储货物。筹集货物是由订货、进货、集货及相关的验货、结算等一系列活动组成的。存储货物是订货、进货活动的延续。在配送活动中，货物存储有 2 种表现形态：一种是暂停形态，另一种是储备形态。前者指按照分拣、配货工序要求，在理货场地储存少量货物。后者是按照一定时期配送活动要求和货源的到货情况有计划地确定的长期备货形态，它是使配送持续运作的资源保证。

(二) 理货

理货是配送的一项重要内容，也是配送区别于一般送货的主要标志。理货包括分货、配货、分类和包装等经济活动。货物分拣是指从储存的货物中选出用户所需要的货物。分拣货物需要采用适当的方式和手段，一般采取以下 2 种方式。

1. 摘果式分拣

摘果式分拣，就好像在果园中摘果子一样去拣选货物，具体做法是：作业人员拉着集货箱（或分箱）巡回走动，按照分拣单上所列的品种、规格、数量等信息，将客户所需要的货物挑出并装入集货箱内。在一般情况下，每次拣选只为一个客户配装。

2. 播种式分拣

播种式分拣，形似于田野中的播种操作那样去拣选货物。具体做法是将一批客户的订单汇总，以同品种商品为配货单位形成若干拣货单，分拣时先持拣货单从储存仓位上集中取出某商品，将商品按客户的各自需求量分放到对应货位，暂储待运。再按同样的方法去拣取其他商品，直至全部订单配货完毕。

(三) 送货

送货是配送活动的核心，也是备货和理货工序的延伸。在农产品物流活动中，送货实际上就是货物的运输。由于配送中的送货需面对众多的客户，并且要多方向运动。因此，在送货过程中，常常进行 3 种选择：运输方式、运输路线和运输工具。

按照配送合理化的要求，必须在全面计划的基础上，制订科学的、距离较短的货运路线，选择经济、迅速安全的运输方式并选用适宜的运输工具。通常，汽车是农产品配送中主要的运输工具。

第七章 典型案例

案例一 绿春县：电商搭桥梁 土产“走出去”

在绿春县玛玉古王茶叶专业合作社，机器轰鸣，村民卢范荣作为合作社技术骨干正在向村里的工人培训茶叶发酵和烘干技术要领。以往，待茶叶烘干完成初级包装后将运送到县城各茶叶销售点进行线下销售；现在，其中一部分茶叶将被电子商务公司以“玛玉古王茶”的新身份，通过网络发往全国各地。

2019 年，绿春县成功获批国家级电子商务进农村综合示范县项目，为电子商务公司在绿春生根发芽提供了肥沃的土壤，全县采取“龙头企业+专业合作社+建档立卡贫困户+电子商务”模式探索茶叶新销售模式，助推脱贫攻坚。目前，全县已建立一个县级电子商务服务中心和 9 个乡镇电子商务服务站。

2019 年，全县电商线上线下销售收入 761. 5 万元。

在绿鑫生态茶业有限公司的“多多农园扶贫兴农工厂”，通过在拼多多平台上开设销售渠道，实现年产值 2 000 余万元，带动 260 多户建档立卡贫困户户均收入 2. 1 万元。2019 年 9 月，公司成功入围上海对口帮扶地区“百县百品”名单，进一步在上海打响品牌、扩大了销量。

“现在还是起步阶段，正在着手准备上线拼多多和网络直播销售。”26 岁的哈尼小伙郭嘎勇大学毕业后加入了云南文智现代农业开发有限公司，该公司是绿春县18家电子商务公司之一，目前与云南理途、成都蔚洋等公司合作，主要经营茶叶、野生木耳、红米线、八角、竹笋干、蜂蜜等农特土产品，在淘宝网开设“绿春特产馆”店铺进行销售。

2019年长街宴期间，绿春县开展了“浓情哈尼节·地道绿春味”为主题的电商助农·消费扶贫绿春县特色农产品线上线下展销活动，以“线下展示+线上销售+网红直播引流”的模式，促进绿春县特色农产品上行，实现电商助农、销售扶贫。

不同于新生电子商务公司对经营模式和线上市场的探索，有5年网上销售经验的绿春九洲电子商务已经开始搭建电商孵化中心，为中小企业应用电子商务过程中遇到的技术、人才、资金、运营等问题提供专业化、全方位的孵化服务，从单纯的销售转向共同发展、互利共赢。“我们完全免费、手把手教企业开展网上销售，大家抱团才能打开绿春特产的销售市场，提升知名度。”公司网络部经理姚威介绍，下一步将继续整合资源，对县内近30家中小企业开展网络销售培训，快速形成电商规模，强化对外销售输出能力。

“为建设物流体系，打通农村物流“最后一公里”，我们正在积极推进绿春县城乡高效物流配送中心项目。”县工信局副局长杨艳梅介绍，项目的建成将实现城乡物流共同配送站（点）覆盖全县9个乡镇和全部村社、聚居点，城乡共同配送率达到80%，方便快捷的物流体系将加快本地农特产品“走出去”的步伐。

案例二 桃溪乡：发展农村电商助推乡村振兴

江西省吉安市新干县桃溪乡坚持实施“互联网+”发展战略，大力推进产业升级、返乡创业、精准扶贫，多举措推进农村电商发展，为实现乡村振兴注入了新动力。2020 年 1 月，该乡从事电商的企业和个体工商户有 15 户，经营网店 100 多家，带动贫困户创业和就业 22 户。2019 年，该乡电商产业交易额突破 5 000 万元。

坚持规划先行，以点带面辐射。该乡以实现“农民致富、基层稳定”为目标，遵循市场经济发展规律，结合自身资源优势，创新思路，多措并举，大力发展电商经济。坚持“一村一品”的发展思路，分别以罗汉果、土烧酿酒、香猪、枳壳、高产油茶、蜜柚等特色农产品为基础，建立电商工作服务站点，优先发展农村电商，发挥典型带动，引领示范，辐射带动周边村庄。目前，该乡农产品电商交易额实现 150 万元。

抓牢业务培训，强力宣传引导。该乡积极与专业电商公司对接，委托专业老师对电商服务站点相关人员进行培训，系统学习电子商务、农产品营销、网站管理等课程，重点解决网络采集、发布信息、进行商务谈判和交易结算等常规化运作程序。同时，引导村干部、种养大户、科技示范户、专业合作组织带头人解放思想，转变观念，加大电子商务投入，积极应用农村电子商务，努力在网上开展农产品生产经营活动。2019 年 5 月、8 月、10 月、12 月，该乡分别举办了“电子商务法”“农产品网店店铺运营”“乡镇电商实操技能”等不同专题的培训活动，在全乡形成了有利于电子商务发展的舆论氛围。

发掘资源特色，助力产业转型。该乡将农村电商作为实施农村振兴发展战略的重要抓手，围绕促农增收核心环节不断探索农村电商发展的新路径。一方面，引入阿里村淘、供销惠农网等农村电商发展模式，建成电商服务站点 11 家，实现行政村全覆盖。另一方面，对接邮政整合农村快递物流资源，构建起“农产品进城”快车道。目前，快递物流网已惠及全乡电商企业和个体工商户，网货和农产品有来有往，源源不断“下乡”“进城”。截至2020年1月，该乡已涌现出黎山村彭立群、桃溪村甘丽华等一批贫困村青年电商创业典型。全县最偏远的村庄之一黎山村，借助“电商翅膀”，迎来了“丰收年”。该村村民廖爱玲以小庐山百货店为依托，提供销售平台，黎山村电商服务站提供技术和收购服务，吸纳了5户贫困户发展高产油茶产业，带动贫困户发展油茶种植产业规模共计 15 400 斤，平均每户每年增收 3 000 元。

案例三　临泽县：电子商务助力乡村振兴

近年来，临泽县以电子商务进农村综合项目为抓手，积极探索“新媒体+全域电商+电商扶贫”的农村电商发展新模式，拓展电商便民服务功能，畅通农特产品销售渠道，让原本“养在深闺人未识”的优质农特产品搭上电子商务的快车，让电商成为农民持续脱贫增收的助推器。

一、便民服务惠乡亲

“以前交电费、买农药还得骑着摩托车跑15千米到镇上，自从电子商务到咱村，这些事儿出门走几步就能办好，真是太方便了！”近日，刚到村电商服务点交完电费的平川镇贾家墩村村民张正荣感慨颇多地说。

临泽县大力推进电子商务进农村，在全县建立66个电商服务站点，以服务“三农”为核心，融合乡村振兴、乡村旅游、精准扶贫等功能，为群众提供代购种子、农药、洁具等农资及日用品，叠加票务代购、水电费、小额取现等多种服务，真正打通了“服务群众的‘最后一公里’”。2019年全县共帮助群众开设网店56家、微店32家，微信公众号130余个；累计完成代购

1 359 多单 9.91 万元，代缴 1 370 多笔 19.74 万元，代销 14 000 多笔 7.33 万元，为群众提供咨询服务 10 000 余人次。

二、网络销售助脱贫

“现在我们村上的 100 多户村民都通过电商销售自家种养的农畜产品，收入也比以前翻了两番，现在我们村都成县里有名的电商专业村了。”新华镇明泉村三社村民田有春兴高采烈地说。

该县抢抓国家实施“互联网+”和乡村振兴战略机遇，按照“党政共推、企业主导、产业支撑、品牌带动、促农增收”的发展思路和“企业+贫困户+服务网点”的运营模式，组织开展“临货网上行”活动，培育临泽小枣、红提葡萄、肉苁蓉、枸杞、小杂粮等网销产品，推出 150 余个农畜产品开展网上销售，让电商成为全县脱贫致富的新引擎。截至 2020 年 4 月，全县从事电子商务的企业、专业合作社、个体网店达 325 家，微商 169 家，直接或间接带动就业 1 500 余人，电商带动脱贫 200 余户 600 余人，全县电商销售额达 2.46 亿元，电商成为扩大群众增收渠道和推动县域经济发展的“助推器”。

三、网销对接拓销路

在甘肃枣汁味电子商贸有限公司，员工们正将 3 000 多斤红枣装箱打包，发往深圳、上海、南昌等地。“这批红枣订单，是公司在网上签订的，我们现在每天大概能接 1 200 单，一年可以销售 300 余万斤红枣，现在销路已经打开了，订单量每天都在增加。”公司总经理安玉玺说。

该县将电子商务和农特产品有效融合，让企业和农户对接互联网上的大市场，全县 14 家企业 8 大系列 166 个单品，开展网上销售。着力打造区域公共品牌，整合全县 10 余家农产品加工企业产品，在北京、天津等城市建立外销展示窗口，并与一线城市多家企业建立供销关系。动员西域、祁连红等6家企业入驻兰州金张掖农特产品直营店，8家企业申报入驻国家扶贫馆，与16家电商扶贫联盟平台和省内外30余家供应链企业沟通联系，组织县域内18家企业参与“金张掖网上张交会”，进一步提升“临字号”农特产品的知名度，有力拓宽农特产品销售渠道。

四、巧借平台促营销

“我公司联合甘肃正学中医研究院研制的‘初心——黑桑葚红枣浓缩浆’已在官方淘宝店上市开售，我们特别为各位宝宝准备了一次史无前例厂家直销的专属优惠活动……”4月14日临泽旷易科技有限公司网络主播张汉琪正在直播间为粉丝们介绍祁连红红枣产品。像这样的临泽农产品网络直播每隔2天就会进行，县内30余家企业的农产品通过直播平台精彩亮相，引起了粉丝们的“抢购热潮”。

该县以乡村旅游、农特产品等资源为依托，打造“临字号”营销媒体矩阵，建立“抖音短视频、电商直播、社群营销”等服务体系，引导企业及农户利用头条、抖音、快手等助力农产品宣传营销，扩大企业和产品知名度，增强“临字号”农产品的市场影响力。将电子商务与生态马拉松、农民丰收节等节会活动深度融合，组织开展“我为临泽小枣代言·寻找最美网红”活动，总关注量达80多万人次，影响涵盖国内各省区及20多个国家和地区，推动农特产品真正走出临泽、走向全球。

案例四　丰都县：让乡村“土货”搭上电商“快车”

眼下正是榨菜、儿菜等本地蔬菜大量上市的季节。连日来，丰都县商务委组织全县的电商企业、电商主播充分发挥电商直播平台优势，用实际行动帮助广大种植户销售农产品，让乡村“土货”搭上电商“快车”，走向全国各地。

在水天坪工业园区的农村电商公共服务中心可以看到，工人们正在打包儿菜、榨菜等本地农产品。县农村电商公共服务中心先后组织了3个直播团队6名主播前往龙孔镇、兴义镇、树人镇等地开展了20多场次直播下乡助农活动。

“我中心这段时间开展的直播下乡助农活动，主要是帮助老年人，特别是缺劳动力的家庭，销售季节性比较强的蔬菜，抢抓时间，帮助他们把农产品卖出去，增加收入。我们的儿菜每天能卖2吨左右，榨菜能卖3~4吨，每天发出去的物流量大概有1 700单，网上卖这些农家菜销量还是比较可观的。”县农村电商公共服务中心负责人隆永惠介绍。

“进入直播间的朋友们大家好，我们这里是重庆丰都，今天我们来到地里帮助冉阿姨销售她家种植的榨菜，今天2.5千克榨菜活动价仅需15.9元……”当天，在龙孔镇玉溪村村民冉素琼的榨菜种植地里，主播们正轮流在各大电商平台帮助她销售榨菜，冉素琼也请来亲戚朋友帮忙采摘榨菜。大家砍榨菜、去叶子、装袋，各项采收工作正有序开展，现场一派忙碌的景象。

冉素琼介绍，因为家人每年正月初六左右就外出务工了，到榨菜成熟上市的时候，都会因为缺劳动力而发愁，今年，县商务委开展直播下乡助农活动，让她家种植的2吨多榨菜足不出户就销售一空，给她省掉了不少烦心事，真正帮她解了燃眉之急。

在虎威镇香岩村的田间地头，村民们也正趁着晴好天气，抓紧时间抢收榨菜，3名主播正拿着手机跟随工人们的步伐，用镜头展示绿意盎然的榨菜种植基地，声情并茂地向全国各地的网友介绍丰都县的榨菜。主播们一边走一边播或与菜农采摘互动，展示榨菜的品相、品质，提高了丰都县榨菜的影响力、关注度，通过“线上直播”的方式，集中宣传、展示、推介农特产品，这些农特产品搭上互联网直播的“快车”。

“这段时间每天下乡卖菜，大家都觉得这是一件非常有意义的事，每个主播平均每天能卖 850~1 250 千克榨菜，250~300 千克儿菜，这样既帮助他们拓宽销售渠道，同时也增加了他们的收入，更向全国各地展示了丰都县的一些优质农产品。”参加此次电商助农的主播秦梅介绍。

丰都县商务委电商科科长曹林峰介绍，2022 年，县商务委坚持“政府引导、市场主导、产业联动、创新驱动”的原则，“全民搞营销”的工作思路，坚持把电子商务作为推动“三农”发展重要抓手，积极探索“数商兴农、数商兴产、数商兴业”新路径、新模式。全年培育电商市场主体人才 284 人，实现农产品网络零售额 23 亿元，同比增长 21%。为促进县域经济高质量发展奠定了坚实的基础。

“我们通过开展直播培训、电商孵化、运营指导等，持续培育懂商业、会经营的农村复合型人才，助推产品流通变被动为主动，市场发展变‘输血’为‘造血’，推行‘电商品牌+’模式，为企业转型赋能。”曹林峰说。

案例五　长春市：打通农村物流“最后一公里”

走进壹米滴答长春金正物流有限公司货物分拨中心，检查货物、装卸货物的工人们忙得不可开交，装货、卸货的大货车络绎不绝，运往大安的延边辣白菜、运往辽源的长春汽配、运往通榆的通化药品……各类生产生活物资源源不断地被运进来和运出去。

“公司在全省每天的货物吞吐量有 3 000 吨以上，依托我们的物流网点，这些货物都会在 24 小时之内送到目标县市，到达商户和百姓手中。”壹米滴答长春金正物流有限公司办公室主任夏炎说。

网络下沉、客货合作、设置二级网点，在开展乡镇物流服务上，该公司以区县线路为单位，建设完善了三级物流网点，特别加大了二级网点（乡镇货物中转）招募力度，下沉周边乡镇网点，并将网点建立于客运站附近，利用便利的交通资源，实现下辖乡镇的货物流通。

“1 米是最近的社交距离，滴答的 1 秒是最短的时间段限，我们希望物流企业能够用最快的速度，为客户提供最‘亲近’的服务！”壹米滴答长春金正物流有限公司总经理于洪亮介绍，目前，该公司已拥有长春市内网点 48 家，省内线路 106 条，邻省线路 19 条，省内县级覆盖率达 100%，乡镇覆盖率完成 95%。

在长吉物流有限公司货物分拨中心的货物收发部，前来寄货的人员进进出出。登记、取单、验货！寄送货物就这么简单！而且所有货物明天一早就能到达。

该公司分管经营的副总经理张学栋说：“客户方便、获益就是我们的服务宗旨。”目前，该公司已建设遍布长春市各大商圈收货网点 40 余个，建设了 50 余个直达到货网点，覆盖吉林省县级以上城市，并依托现有的 50 余个到货网点，与近百家小微型物流货车合作，货物可直达乡镇。

实现网货下乡，农产品进城；

实现农资到户，购销运一体化；

实现县市通、乡镇通、村屯通。

农村物流“最后一公里”怎么打通？

答案来了——该公司依托小微型物流货车及客运班车，将物流网络触角延伸至村屯，把乡村的农副产品运输到城市，“网货下乡，农产品进城”已经成为农村物流的新时尚。没有覆盖的乡镇怎么办？别担心，长吉物流公司已经制定了未来3年乡村物流发展规划，将通过逐步增加收货网点和货运线路，扩大农村物流覆盖面，为“三农”发展提供更大的便利和更好的服务。

乡村振兴潮起，农村物流大有可为！这是行管部门和物流企业形成的共识。“政策扶持，加强引导，推动长春骨干物流企业不断拓展农村物流业务，为农村物资货物的交换和运输打通渠道。”长春市地方道路运输管理局货运科科长赵梓钧说。

“近年来，我们按照吉林省交通运输厅的要求，引导和推动物流企业‘车头向下’，加强物流网点建设，拓展农村物流业务，目前，全省42个县（市）、603个乡镇、9 323个建制村，实现县级物流网络覆盖100%，乡镇网络节点覆盖率达到80%，覆盖重点乡镇、辐射周边村屯，网络完善、快捷畅通、产运衔接的县乡村三级农村物流网络体系基本形成，基本满足了农产品进城下乡、小件货物转运送达、城乡物资交流等需求。”吉林省运输管理局货运科科长康佳霖说。

案例六　五常市：“五大体系”打造互联网快车

近年来，五常市在电商进农村综合示范政策引领下，立足五常大米资源优势，以创建国家电子商务进农村综合示范县为抓手，探索实施“互联网+电子商务+主导产业”的电商发展模式，推动电子商务健康快速发展，为县域经济发展注入新动能。2019年网上注册商铺近 9 000家，同比增长42%，带动就业17 000多人。电商交易额约48.6亿元，其中网络销售额约30.1亿元，同比增长34%。

五常市将电商作为优先发展的新业态，推动公共服务、电商孵化、物流配送、产业服务、线下体验线上线下相结合全过程一体化发展，着力打造电商“五大体系”，增强电商平台功能，电商呈现快速发展良好势头。目前，全市已建成市级电商公共服务中心 1 个，快递物流配送中心 1 家，新建村级服务站点 224 个，覆盖全部 24 个乡镇和 85.8%行政村。

打造电商公共服务体系。投资 1 100 万元建成总面积 3 196 米^2 的五常市电商公共服务中心，2017 年 12 月挂牌运营。中心建成电子商务综合服务、政府监管及服务网点监管、统一对外服务 3 个服务平台，组建 31 人的专业团队为 37 家入驻企业免费提供公司注册、农业种养殖等服务，为 29 家电商企业提供培训孵化、产销对接、品牌建设等服务，全方位、多维度的服务培育了一大批电商服务主体。五常市杜家镇七一村各类线上网店 134 家，仅淘宝店铺就达到 85 家，电商从业人员 340 人，年销售额 2 900 万元。在 2019 年全国淘宝村评比中，七一村被评为全省第一家淘宝村，五常镇成为全省第一批淘宝镇，五常市成为全省唯一同时获得 2 项殊荣的县（市）。

打造电商全网营销体系。按照“立足五常、辐射全国”的思路，建设线上线下一体化的全网营销体系。推进五常大米品牌建设战略，与阿里集团合作，172 个单品五常大米在天猫官方旗舰店上销售，五常大米天猫官方旗舰店销售额在天猫大米行业中位列第一；京东农场落户五常大米核心产区，签约土地 1 200 亩。与阿里集团合作开展稻田定制业务，去年签约稻田 1 万多亩，开辟了全新的稻米销售新模式。

打造电商产品的质量追溯体系。为有效解决线上产品质量安全问题，利用已建成的国内一流农业物联网服务中心全面推行“三确一检一码”（即确种子、确地块、确投入品、质量检测、薄码技术）防伪溯源体系，全市已有 121 家企业进行溯源防伪认证。与顺丰集团战略合作在五常共建五常大米原产地保真发货仓，真正实现从种植、管理、收获、加工、线上销售、物流直到餐桌的全程可追溯。

打造村级服务站点网络体系。全市建成 224 个村级服务站，帮助农民销售农特产品，2019 年村级服务站发货 22 万件，带动农产品销售额 5 200 万元。其中 212 家服务站与建设银行开展村口银行业务，农户足不出户即可办理存取款、贷款业务，到 2020 年 3 月共为 2 524 名农户提供低息贷款 13 478.41 万元，打造了五常模式，在全省推广。

打造电商物流配送体系。为解决物流配送“最后一公里”的问题，积极构建县乡村三级物流配送体系。五常市电子商务物流园区已有中国邮政、顺丰快递、中通等物流企业入驻，与京东合作成为京东云仓产地仓。通过物流资源整合，实现了当日配送到乡镇，48 小时内配送到村级服务站点。去年共接收快递约 450 万件，发送约 550 万件。

案例七　海南省：黄灯笼辣椒火爆出岛

作为一个爱吃辣的四川人，食品工程专业出身的符荣对辣椒极为熟悉。但在海南定居后，他才知道，岛上独有的黄灯笼椒是中国的“辣椒之王”。令他着迷的是，黄灯笼椒自带独特香味，金黄的外表看似可爱，辣度却够狠，几乎无法鲜食。但被腌制成辣酱后征服了饮食清淡的海南人，成为像潮汕沙茶酱、云南蘸水一样的灵魂调料。

经本土企业改良，加入南瓜、蒜等辅料降低辣度后，黄灯笼辣酱与椰子粉一样，成为海南备受欢迎的特色农产品。随后入职海南老字号品牌企业——南国食品实业有限公司（简称南国食品）的符荣负责管理生产，几乎走遍岛内所有黄灯笼椒种植基地，熟悉种植、生产、产品研发等各个环节。

风味独特的黄灯笼辣酱偏小众，在南国食品董事长徐国华看来，海南独有的辣椒品种之所以可以走向全国甚至全世界，离不开线上渠道的开拓。如今，老字号不仅仅将线上当作销售渠道，更是品牌打造阵地，与新电商平台一起推动小众地域特色产品出圈。

一、辣椒界“一哥”藏身海南

国内辣椒界，黄灯笼椒是个特殊的存在。它外表金黄，色泽鲜艳，看似与毫无辣度的水果椒无异，但其辣度高达17万个辣度单位，在世界辣椒中位居第二，一口就能辣到让人头皮发麻。它与云南象鼻涮涮辣、贵州遵义小米辣、重庆石柱朝天红并称辣椒界“四大天王”。

黄灯笼椒起源于南美，喜高温，最终落在了气候适宜的海南。目前，文昌、万宁、陵水、琼海等地是主产区，种植历史已超五百年，是海南独有的特色农产品。在海南，无论是吃白斩鸡、海鲜，还是来一碗粥，黄灯笼椒酱都要安排上。这是追求天然纯粹味道的海南人做饭时必备的烹饪伴侣。

不过，经历品种改造之前，野生的黄灯笼椒仅在当地零星种植。符荣说：“野生黄灯笼椒易感染病毒，产品产量不高。1亩产量仅500斤，很难实现规模化种植。”

符荣也常听农户提起，野生品种产量低，导致黄灯笼椒售价较高，1斤高达10多元，是现在的3倍。“陵水、万宁虽有农户种植黄灯笼椒，但产量少又贵，很难商业化，自然难走出岛。”

二、品种改良实现产业化

为破解制约黄灯笼椒产业化难题，21世纪初，一批热爱辣椒的学者已着手培育新品种。据了解，中国热带农业科学院一直从事辣椒种质资源收集、创新利用与配套栽培技术研发工作，2009年成功培育出黄灯笼椒新品种。时任该院热带蔬菜研究中心副主任的曹振木及其团队经过多年研究，培育出杂交一代辣椒新品种热辣2号，也是我国第一个中国辣椒栽培种杂种一代新品种。

“新品种香味浓、抗性强，亩产量可提高至6 000斤以上，产量增加了5倍以上。”中国热带农业科学院热带作物品种资源研究所研究员刘子记说，新品种克服了原有品种坐果少、晚熟、综合抗病能力弱的特点，该品种抗病毒能力强，又具备辣度高、风味好等优点。改良后，种植范围扩大至文昌、琼海、陵水、万宁、定安一带。

规模化种植后，黄灯笼椒的田间收购价随之降低，本土企业顺势推出黄灯笼辣酱。皮薄香味浓的热辣2号是酱用型辣椒新品种，制作出来的辣酱辣中带有果香，口感、风味俱佳。目前，南国食品、春光食品等企业制作辣酱均采用该品种。在拼多多平台上搜索“黄灯笼辣酱”，多个品牌单品销量达10万以上。不少初次购买的消费者在评价中提及辣度满意、0油脂，可以打败老干妈、减肥期首选酱料等，圈粉年轻人。

三、挖掘新赛道尝试线上突围

黄灯笼辣酱的火爆与海南旅游市场的发展同步。海南旅游市场起来后，它的销量也起来了。作为老字号的南国食品原本在线下不愁卖的情况下，并未思考如何推动其出圈。但在消费习惯改变的新形势下，也逐渐重视线上销售，选择与平台合作，提升自身抗风险能力。

“我们的产品种类多，分为椰子类冲饮、糖果零食和调味品。初期将线下爆款复制至线上后，发现并不好卖，很难起量。”南国食品电商运营人员小凯提到，无论是产品布局、品类升级，或是市场热点方面，都发现了一系列急需解决的问题。

2022 年下半年，南国食品加入拼多多“超新星计划”，制订了专属运营计划。“最初，转到线上并不知道从哪个品类或单品来突破。”小凯表示，根据平台建议，前期选择偏小众且有优势的冲饮类作为主打品类，椰子粉、咖啡、麦片等 1 个月内即起量。

对于更加小众的辣酱，为进一步提升销量，南国食品根据平台建议将其定为线上错位引流的爆款，推出平台专供规格。“冲饮品类增长到一定时间后达到峰值或饱和。辣酱引流可吸引到不同的用户群体，提升店铺访客量。”小凯表示。

“线上平台提供数据支持，帮我们把消费者的意见整理起来，也有利于我们对黄灯笼酱的配方、口感、包装等进行改良，更贴近消费者的需求。”徐国华介绍，目前，南国食品、春光食品的黄灯笼辣酱早已拼成“10 万+”爆款。

黄灯笼辣酱的出圈也带动了农户增收。4 月底是万宁黄灯笼椒采摘的季节，符荣带着团队来到万宁治坡定鑫种养合作社验收产品。该合作社带头人于 2016 年开始改种黄灯笼椒，因收益稳定，已有 70 多户村民加入合作社。据了解，南国食品目前与海南 30 多家种植基地提前签订合同收购辣椒，农户不用担心销路。

如今，从规模化种植、加工到销售，黄灯笼辣酱已拥有成熟的产业链，工厂每年以约定好的价格收购果子，农户的收益得到保证。海南龙华区的部分村以“农户+村集体公司+企业”的模式发展订单农业，黄灯笼椒成为当地带动乡村振兴的新产业。

案例八　喀什地区：“互联网+”带农产品走四方

随着“互联网+”融入人们的生活，一根网线便将喀什地区的农产品联通四海，找到更广阔的市场。如今，借助“互联网+”，喀什特色农产品销售有出路，贫困群众增收有希望、脱贫有信心。

一、把农产品送到内地餐桌上

作为“全国电子商务进农村示范县”的岳普湖县，现如今各类电子商务平台如雨后春笋般冒了出来，“互联网+农业”、农村电商、农村淘宝等新鲜事物，不断出现在人们的视野里。该县64个行政村均设立了乡村电商服务站（点），越来越多的村民享受到了互联网给生产生活带来的便利。

疏勒县库木西力克乡库木西力克村村民阿西木·纳麦提说，自从他把家里的土蜂蜜挂到电商销售平台后，订单不断增加，感觉生活像蜜一样甜。“上线第一天，就有20多个订单，2天就销售了320斤。我现在平均每月都有三四千元的收入。”阿西木笑着说。

莎车、泽普、叶城、巴楚4个县在上海援疆干部的帮助下，近百款产品上行“京东中国特产·上海援疆扶贫馆”。京东云电商扶贫直播节活动2个小时，直播在线观看人数就达14.6万人。

互联网不仅为喀什地区农民增收脱贫带来更多红利，还将喀什的特色农副产品送到了全国人民的餐桌上。

二、农产品网上卖出好价钱

随着电子商务的兴起，喀什地区各县市纷纷打起了“互联网+”的主意。

“淘乡甜数字农场英吉沙杏标准示范基地”就是其中一个。作为一家智慧农场，基地有摄像头、气象监测仪、土壤墒情仪等多种智能设备。“通过对数据分析，就可知道杏树是否缺水、是否缺肥。”英吉沙杏标准示范基地负责人库尔班·托米尔说，

"把控好英吉沙杏品质关，就要有科学的生产管理。"

"触网"第一年，20 吨英吉沙鲜杏第一次走出新疆。由于鲜果品质胜过市面上的大部分杏果，上网走出英吉沙县的英吉沙杏顿时身价倍增，相比原先鲜果每斤 0.5~1.0 元的价格，最高价能高出 15 倍之多。

农村电子商务的快速发展，辐射并吸引了一批大学生、农民工返乡创业，不仅为乡村工作增添了活力，助力了乡村振兴，还让不少农民驶上互联网"高速公路"，找到了一条致富新路。

三、努力搭建电商发展平台

岳普湖县加大对电商等新兴产业的扶持力度，落实就业扶持政策，解除电子商务发展的后顾之忧。

金丝路电子商务有限公司开业不久，就在互联网上"火"了，各类干果、民族手工艺品等特产供不应求。岳普湖县对金丝路电子商务有限公司给予房租、网络通信、宣传推广、人才培训等方面的政策扶持，举办电子商务培训班 4 期，培训电子商务人才 600 余人。通过培训，35 人注册了淘宝网店，80 多人在金丝路电子商务平台上开始创业，微店创业者达到 150 余人。

2019 年 12 月 20 日，疏勒县举办了为期 4 天的电子商务培训班，就是希望让农民便捷、低门槛地搭上电子商务快车，享受扶贫新成果。

如今，电商平台让喀什的巴旦木、核桃、红枣、伽师瓜等新疆味道越来越多地走向全国的同时，更让喀什地区贫困群众走上脱贫的道路。

参考文献

傅泽田, 张领先, 李鑫星, 2016. 互联网+现代农业: 迈向智慧农业时代[M]. 北京: 电子工业出版社.

李建华, 2021. 农村电商发展策略和典型案例[M]. 北京: 中国民主法制出版社.

柳西波, 丁菊, 黄睿, 2020. 农村电商[M]. 北京: 人民邮电出版社.

史安静, 高黎明, 王艳芳, 2021. 农产品短视频直播营销[M]. 北京: 中国农业科学技术出版社.

周洁红, 许莹, 2017. 农产品供应链与物流管理[M]. 杭州: 浙江大学出版社.

周晓光, 杨萌柯, 2016. 互联网物流[M]. 北京: 中央广播电视大学出版社.